梁彦卿　张　雪　张艳蕊 著

每个人都是一颗闪亮的星，
每个学生都有自己的光芒。

高中学困生成因与对策

浙江工商大学出版社
ZHEJIANG GONGSHANG UNIVERSITY PRESS
·杭州·

图书在版编目(CIP)数据

高中学困生成因与对策 / 梁彦卿,张雪,张艳蕊著.
—杭州:浙江工商大学出版社,2020.10
ISBN 978-7-5178-3958-3

Ⅰ. ①高… Ⅱ. ①梁… ②张… ③张… Ⅲ. ①高中生
—后进生—教育研究 Ⅳ. ①G635.5

中国版本图书馆 CIP 数据核字(2020)第 121593 号

高中学困生成因与对策
GAOZHONG XUEKUNSHENG CHENGYIN YU DUICE

梁彦卿　张　雪　张艳蕊 著

责任编辑	张晶晶
封面设计	林朦朦
责任印制	包建辉
出版发行	浙江工商大学出版社
	(杭州市教工路 198 号　邮政编码 310012)
	(E-mail:zjgsupress@163.com)
	(网址:http://www.zjgsupress.com)
	电话:0571—88904980,88831806(传真)
排　版	杭州朝曦图文设计有限公司
印　刷	广东虎彩云印刷有限公司绍兴分公司
开　本	710mm×1000mm　1/16
印　张	13.25
字　数	217 千
版 印 次	2020 年 10 月第 1 版　2020 年 10 月第 1 次印刷
书　号	ISBN 978-7-5178-3958-3
定　价	68.00 元

序
Foreword

每年的九月，高中校园里就显得格外热闹，格外充满生机和活力，因为一批新生走进了校园。他们带着灿烂的笑，满怀着希望；他们脚步轻盈，身影灵动，昂起脑袋，脸上充满了自信。我总是沉迷于这些新生的朝气和活力。他们有着极强的感染力，使看到他们的人心情顿时好起来，脸上也展露出笑容，好像自己一下子也变年轻了。

最初几个星期的课，课堂气氛格外好，学生反应灵敏、参与度极高。

可是，两三个月后，课堂的气氛总会有些变化，会有一些学生开始保持沉默；一些学生脸上的笑容少了，没有了原先的光华。再过一段时间，就会有那么几个学生开始情绪低沉，开始成绩滑落，脸上的自信开始消失。一两个学期后，总有那么几个学生会转学或休学。

在二十年的教学生涯中，我时常为这样的学生感到惋惜。随着年龄的增长，近些年，我越发地关注这些孩子，他们消失的灿烂笑容，游离不自信的眼神，常常刺痛我的心。我常仔细观察他们，去真正地关怀他们，和一些学生倾心交谈，努力去了解他们。

我很喜欢学生。这些年我又担起了班主任工作，这使得我更深刻地体会和了解了这些学生的情况。

这些学生或因为不堪周围环境的重压,从而丧失了学习的自驱力,致使成绩下滑,再也不能追上学习进度;或因为家庭亲情的失落,过度依赖老师和同学们的关爱,一旦心中的情感受到伤害,就会觉得世界遗弃了自己,找不到自己存在的空间和价值,没有了学习上进的欲望,思想和注意力整日纠缠于同学关系的好坏、老师态度的亲疏,致使学业荒废;更有一些学生,被现代的信息工具捕获,偏又遇到失控的家庭教育,久久不能走回现实,找不回自己学生的身份。

　　对于这些学生,如果找到产生问题的真正根源,有了切实可行的解决方案,就可以重新找回他们的自信,提升他们的学习成绩,使他们顺利完成高中学业。本书探讨了学困生的十几个成因,希望能给有关老师、家长和学生们带来一点警醒和帮助。

　　每个人都是一颗闪亮的星,每个人都有着自己的智慧和光华,每个学生都应该有自己的光芒。

梁彦卿

2020 年 3 月 12 日

目 录

Contents

引　言

Preface

　　中考结束，进入高中校园，一个学生就进入比较系统地学习学科科学知识的阶段。因为中考成绩的高低，学生会走进不同的高中。对于那些进入一所还不错的高中的学生来说，他们的智力水平应该是正常的，或是更好一些，他们在小学、初中阶段应该说是比较优秀的。可是，这些学生进入高中后，每所学校都会出现一些学生不能顺利完成学业的情况。有些学生变得消极颓靡，最终以很差的成绩结束高中生活；还有些选择转学甚至退学。

　　近些年，随着新课程标准的颁布实施和教学理念的不断发展，随着社会及家长对学生成绩的越发关注、各所高中的扩大招生，以及近几年社会上私立学校的兴起，学生中学困生的占比有着越发扩大的趋势。社会和学校对学困生也越发关注，许多学者和教育工作者对其进行了研究和探讨；当然，不同的研究者对学困生的看法也是不同的。

　　一般说来，学困生是指没有先天或者生理因素造成的智力障碍，但学习成绩、纪律意识等方面与一般学生相比较为落后的学生群体。这些学生，智力正常但成绩较差，纪律意识低下，如此等等。在教学实践活动中，教师经常把学困生与差生、调皮学生同等对待。实际上，学困生与差生、调皮学生有着本质上的不同，其成因有很多因素。

有学者对这些学困生的学习状态有明确的描述:教学实践研究表明,学困生落后主要是非智力因素在起作用。学困生群体的一个共同特点是学习兴趣与动机较弱,缺乏学习兴趣是他们成为学困生的重要因素。学困生群体又一个共同特点是不具备良好的学习习惯,不注意学习方法的掌握与使用。高中知识涉及面广且深,学困生一般没有上课做笔记的习惯,上课注意力不集中、瞌睡、随便说话的现象时有发生,学困生在学习中处于迷茫状态,不知道从何入手。与其他学生相比,在同等努力的情况下,学困生与他们的学习差距仍然存在。学困生意识到自身存在的问题,但往往把原因归结为脑子笨,跟不上学习节奏。良好的学习习惯没有养成,有效的学习方法没有掌握,致使他们在学习上处于应付敷衍的状态,常常出现厌学情绪。

　　学困生群体的再一个特点是学习基础较差。由于学习知识环节的断层,他们没有形成完整的知识网络体系,当他们面对新知识时,不能与旧知识有效连接,在学习面前产生畏惧感。长此以往,学困生面临的学习困难会越来越大。由于学习上的失利,学困生的心理健康面临挑战,学困生通常具有自卑、敏感、多疑等心理特点,感觉学习压力很大,在学习上不喜欢与他人交流,部分学困生甚至把学习压力通过网络游戏等途径转移,缺乏学习自信,极易出现心理疾病。

　　在上述提到的学困生群体里,本文更侧重于探讨那些智力水平正常,有一定的学习能力,应该能顺利完成高中学业,而因为一定的原因最终滑落为学困生的那部分群体。这部分学生一旦阻止了干扰其学习的因素,其学习成绩就会提升,甚至能很好地完成学业。所以,探究其成为学困生的原因,探讨相关对策,有积极的意义。

　　那么,是什么原因影响了他们的高中求学之路,使他们成为学困生了呢?教学实践研究表明,学困生的产生主要是非智力因素在起作用。更多的学者和教育工作者,探讨这一原因时侧重于从学校的管理、教师的态度、教学难度的增加、学生自身的素质等方面寻找根源。

　　学校的管理是面向全体学生的,显然对于绝大部分学生而言是合适的。教师中对学生态度带上个人感情化的有,但是极少。十几年来,由于高学历高素质年轻教师的加入,现在的教师队伍素质很高、职业责任心很强,教师情感化原因造成的学困生算是极少数。把学困生定义为智力差、不爱学习的学生,不是本书探讨的重心。本书更侧重于探讨一个正常的高中学生,在自己的主观意愿里有积极上进的需求、愿意付出努力的情况下,都变成学困生,最终没有很顺利地完成自己的高中学业的那些原因。

这部分智力正常,但由于各种原因致使学习成绩很不理想,不能实现学习目标,甚至被迫转学或退学的学生群体被称为"学困生"。他们在不同学校的占比不同。不同等级的高中里,学生中学困生出现比例如表1所示。

表1 不同等级高中学生中学困生出现的比例

中学等级	高级中学	较好重点高中	一般重点高中	普通高中
"学困生"百分比(%)	2—3	3—5	5—8	6—10

第一章

人为的压力

一、压力的存在与影响

心理压力是个体在生活适应过程中的一种身心紧张状态，源于环境要求与自身应对能力的较量。从心理学角度看，压力是外部事件引发的一种内心体验。

适当的压力存在对人是有意义的。贝克斯顿（Boxton）在美国麦吉利大学做了一个实验，他招募了大学生志愿者参加实验。志愿者每天躺在床上睡觉，并有 20 美元的酬劳，他告诉参与者这期间他们什么也不用做，不用担心；当然，他们也可以随时决定退出实验。结果，被实验者在实验开始后的 24—36 小时内都要求退出，没有人坚持到 72 小时。问及他们原因，很简单，实验者说自己失去了存在的感觉、存在的意义。

压力的存在对人有着非常积极的意义。心理压力即精神压力，现代生活中每个人都有所体验，完全没有心理压力的情况是不存在的。没有压力本身就是一种压力，大概那就叫作空虚。俗话说，有压力才有动力，正确地对待压力，压力常常就会转化成动力。有研究者说，压力的存在，能唤起一个人的挑战感和兴奋感，能让人感觉精力充沛和自信饱满，压力经常和目标结合起来，一定的压力能使人更快更好地完成目标。

但是，过大的压力却使人无法承受。过大压力对人精神的负面影响大家都很清楚。医生表示，长期过大的压力还会对大脑造成损伤，有的是不可逆的，有的可能是可逆的。

当学生升入高中以后，知识点更加复杂，学科数量也在不断增加。为很好地适应高中学习，取得较好的成绩，高中生相较于初中时期，已经有了较大的压力。在正常情况下，高中生经过一段时间的适应，都能很好地完成学业；那些中途受阻、无法很好地完成学业、最终变成学困生的学生，都在一定程度上受到了外来因素的影响。

二、不当的环境压力,磨灭了学生学习的自驱力

每到升学季,总有一些家长费心奔波,尽力把自己的孩子送进一所总体成绩比较理想的、比自己孩子成绩更高一层的、更好的高中;或在分班时,竭力想办法把自己的孩子分到重点班、尖子班。刚开始,家长和孩子都是比较兴奋的,家长更是信心十足,以为到了好学校、成绩好的班级环境里,自己孩子的成绩就一定会好。家长目标明确,要求孩子追上或超越前面的成绩好的学生,这是他们最基本的诉求。

事实上,当学生升入高中以后,学科数量大幅增加,知识点更加复杂;加之高中的学习方法和小学、初中时有了很大的差别,学生顺利适应高中的学习,已经使他们有了一定的压力。

把一个学生送进比自己层次高一级的学习环境,对一部分孩子来说,在新环境、新动力下,通过付出多于别人的努力,是可以追上同学甚至成为其中的优秀者的。但不是每个学生都有在逆境中雄起的特质,大多孩子是喜欢在被关注、被认可、被表扬中成长。老师和同学的关注和肯定,会给他们极大的自信心和克服困难的勇气。只有很少数的学生,可以在不被重视、不被认可、承受着落后的感觉、承载着很大压力的环境下努力学习、潜心思考,克服学习的困难,付出比别人更多的努力,一步步赶上甚至超过前面的优秀者。

对于那些不能承受来自老师、同学们的压力(这些压力不是老师和同学们有意给予的,而是来源于自己的感受,例如自己听课效果的不理想、作业完成的不理想、每次测试考评成绩的落后;来源于课上回答问题时给不出答案的伤自尊、小组讨论时无意的被忽视;来源于老师对优秀学生的肯定、同学们对优秀学生的推崇和赞扬等),不能承受被别人忽视的孩子而言,同学们越优秀、身处越出色的团队,带给他们的负面影响越大。首先是他们心理防线的崩溃,他们开始时常告诉自己,"我智力不如别人,我能力不强",时常想,"是不是老师和同学们不喜欢我,是不是我和同学们相处的能力太弱了,我是不是性格不好、太另类了",等等。他们开始觉得自己远离了班集体,觉得自己是被排斥的;接着就是自信心的丢失、意志力的消耗。越是优秀的学校、越是成绩突出

的班级,对学生的要求越多、越高;加之高中的课程本就不那么简单,学习过程中学生需要付出很多的努力,竞争和压力时时存在,这些都不停地磨炼着学生的毅力,考验着他们不懈向前的勇气。有效对抗了这些因素的学生,才能较好地完成高中的学业。

对于一个失去信心、心理脆弱的学生来说,这一切都成为不可能。到最后,他们不能承受心中的压抑,他们的注意力开始转移,大多会以不满的形式发泄,这些学生开始对学校不满、对同学不屑甚至仇视。这样的不满情绪持续几个月,他们开始逃避,不停地用各种理由请假、逃学。如果这时没有得到及时有效的帮助,不久,他们就成为名副其实的学困生。丧失了自我学习、自我向上的内驱力,面对高中学习中的一道道难题,他们最终只能是跌落。等待他们的,就是对自己学业的厌恶甚至放弃。

案例一

普通班的学生马也,性格热情开朗,学习热情高涨,很有自己的学业追求。身为班长,他工作认真负责,成绩进步也很快。高二分班时,他来到了重点班。在重点班,他抬眼望去,每个人都不输自己。摸底测评成绩,他处于下游。他努力学习,一心想极快进步,追上去。可是,几次考试下来,他依然处于下游。他开始关注那些学霸,看谁的做题速度比自己快,哪些同学的智力超级高,哪些同学正常的学习状态下做的题比自己多。在比较中,马也原来的自信慢慢消退,一种不安慢慢从心中升起。重点班较快节奏的学习氛围,使得他越来越感觉力不从心,越是想上进,思想就越是不能集中,学习效率也越低。这样的状态持续了一段时间,他的学习成绩越来越向下滑落。

成绩大幅度下滑的马也,感觉学生和老师对待他的态度变了,觉得老师对他不满意,觉得同学们瞧不起他,他也越来越不敢和同学们交流问题。后来,马也甚至很少和同学聊天,觉得坐在座位上时周边的学生就是一堵高墙,一种无形的压力使他心慌。他找不到在班里、在同学间的位置。原来的班长之职,他觉得有更多人比自己更胜任,加上学习的极大压力,他也没有精力顾及其他。

最后,马也的成绩变得一团糟,他觉得自己非常厌倦这个班集体,一走进去就觉得心里被堵了一样,周围的同学好像都在向他挤压,自己非常渺小。同时,在班级里,他觉得越来越找不到存在感了,望向周边活跃的人群,他一阵心乱,感觉自己被遗弃了。他开始想要放弃,觉得自己已经无能为力,一走进教室心中就懒洋洋,书上的字经常在眼前晃,他却读不出内容;老师的话听进耳内却无法入心,他越来越没有了学习兴趣,原来的志向好像很遥远缥缈。

一学期下来,马也选择了回到原来的班级。明智的家长也支持儿子的决定。回到原来的班里,马也感觉原来压在心里的"山"变小了,老师的话一下听明白了,他的成绩依然差,但一段时间后,他感觉心稳定了下来,终于找回了正常的感觉。

班主任的思想工作也及时跟上。在班主任的鼓励、帮助和积极的协调下,马也开始重新制订学习目标,他努力学习,一点点补起原来遗漏的知识点,经过两个多月的调整,他的学习成绩稳住了,不再向下滑,这使得他的自信心也慢慢树立了起来,又找到了自己的价值感。

又一段时间过去,马也的学习成绩开始慢慢地提升,他又有精力和兴趣参与班里的活动了,教室里、楼道里又有了他灵动的身影,这个年轻的中学生的脸上又重新绽放出笑容。

不是每个走进泥泞、走进学习低谷的孩子都有勇气和能力再走出来,马也是幸运的。他感到自己的境况糟糕后,有勇气理智地走出来,他在关键的时候、关键的选择点拿出了决断,离开了原来不适合自己的学习环境,同时又得到了睿智家长的支持和老师的帮助与鼓励。

案例二

肖禾的中考成绩比较差,父母觉得孩子很聪明,初中时没有努力学习,高中阶段应该努力追回来,确保高考时能有个好成绩,能进入一个较好的大学。所以,在升高中时,他的父母选择了一所很好的高中。

肖禾是一个帅气又阳光的男生,阳光是他的特质,他的脸上总是洋溢着灿烂的笑容,笑容是他的招牌表情。他也很健谈,情商也很高,性格随和,同学们都喜欢他。我也常常赞叹,说特别愿意和他聊天。可是两个月过去,他脸上的笑容越来越少。因为中考成绩差,知识基础弱,还存在着许多不良的学习习惯,加之又没有自己的学习方法,所以高中的学习节奏一加快,他就感觉有些跟不上，听课经常一知半解，作业感觉越来越难，本就落后的成绩更是每况愈下。班主任很是关心，他说没事，用心学着呢。

班主任悄悄观察肖禾，开始的时候，肖禾确实很努力学习，上课的状态很不错，听讲认真，也会不时地做笔记。可是过了不久，任课老师越来越频繁地向班主任反映，他不能完成作业，上课不认真、爱走神。这引起了班主任的重视，每到自习课，她就仔细观察，觉得坐在座位上低头看书的肖禾真的有些不对劲。班主任走过他的身边，发现肖禾在看一本生物笔记，很认真的样子，可当班主任十分钟后再来看时，发现肖禾的笔记本仍然翻在那一页。十分钟里，肖禾的头就没有抬起过，班主任仔细观察他，他确实在低头思考着。他在沉思，显然，他想的不是学科知识。

班主任找他谈心，他什么也不说；鼓励并和他一同制订学习计划，他不语。他的笑容越来越少见，学习成绩继续低落，他开始沉默。

班主任不愿放弃，又和他进行了一次倾心畅谈。真心的关怀触动了他的心，肖禾打开了他的心门，他说出了自己的心态。他说，一开始他就感觉学习很吃力，自己已经很努力了，可是教学进度一加快，自己根本就跟不上，好多同学知道的东西，自己一点也不懂，老师一句讲过，同学们明白了，可自己还在琢磨，老师又讲下面了。他现在好自卑，觉得自己是不是智力愚钝啊，觉得别人都比自己聪明、比自己好，自己特无用、一无是处。班主任安慰他，他身上有好多别人不能比的优点，只是学习基础差，漏洞多一些，以后新课提前预习、抓基础，课后多思考，多请教老师，和同学们多交流。肖禾说，现在的学习环境给他的压力他已经不能承受了，他的自尊不能容忍自己永远落后。他曾试图努力过几次，可每次的坚持都以失败告终，不论他怎么努力，发现自己依然是落后的，好多知识是不懂的。

肖禾说，其实一走进这所学校，自己就有了一种自卑感，觉得自己其实是不如同学的。开始学习后，更觉得同学们个个优秀，自己的智力和知识储备都不如同学，同学们接受新知识也很快，感觉就自己不懂。和同学交流，同学们都笑他，"这么简单都不会啊"。他的自卑心越来越重，觉得没有资格和同学们交流，也不愿意请教老师，担心老师说自己的问题太简单。

班主任询问有没有和家长聊起自己的情况，肖禾说没有。家长问起成绩，他不愿意说。

自卑的人大都自尊心更强,在周围优越环境造成的压力下产生的自卑,更是一种奇怪的感觉,别人一句善意的友好玩笑话,听者就会产生连锁的负面反应,更是觉得自己做的事哪哪都不好,被人嘲笑。有人这样浅显易懂地描述了这种自卑人的感觉反应:自卑的人不小心在路上摔了一跤,觉得没面子,感觉别人看他的眼光都变了;上课答错了题,大家都没说什么,他就会脸红到一整天吃不下饭;人家一句无意的玩笑能让他几天记挂在心上,想着是不是人家对自己有什么看法,觉得自己是不是做错了什么。这一切所谓被伤害的自尊,都是自己给自己的。其实别人不会把你的事都记挂在心上,过了就忘了,毕竟大家都有自己的事要做,没时间到处宣扬谁谁谁在大马路上摔了一跤,你答错的题是什么。可是,一旦有了自卑的心,自卑的人很难从这种怪圈中走出来。

肖禾选择了转学,又过了几个月,他退学了。

不适合的学习环境,带给肖禾太大的心理压力,如果当时他不是进入重点高中,那他应该是一名普通中学的普通高中生,可能他学习成绩不十分突出,但一定是一个阳光、帅气、自信的年轻人。

人心是向上的,人人都希望追求好的环境、好的条件,这些确实会带来许多方面的优越影响。对中学生来说,好的学校,代表着优美的环境、好的学习氛围,以及优秀的同学、优越的师资及同学们向上的心态、同学们的优良品行等。

但是,对一个高中学生来说,他的主要任务是学习,在学习的路上要克服很多学科知识上的困难。所以家长择校时应该选一个稍高的学习环境,而不是偏离太多、和孩子自身条件相差太多的学校环境,否则新环境就会成为孩子身边一座太高的山,为体力不支者带来的压力比动力更多。一步步来,学生才能向着更好的方向发展。

中国有句俗语:"宁做鸡头,不做凤尾。"这句话能流传至今,说明在人类中存在着这样一大批人,相比于在巨大的压力下跟在别人后面跑,他们更愿意站在人群前,这样才能提起他们的勇气、激起他们的斗志、唤发起他们的激情和能力,他们更愿意站在人前被关注、被重视,更愿意体验到自己的存在感和价值感。

2018年甘肃省公务员面试模拟,就给出这样的命题:宁做鸡头、不做凤尾,对此请谈谈你的看法。

一个人给出了很好的论述:凤和鸡是两个不同的动物,地位、尊卑差距很大,形成鲜明的对比,在这里比喻两种环境,也间接反映出现在的择业观。

宁做鸡头、不做凤尾,强调的是融入一个相对较差的环境,但是在这个环境中人们可以崭露头角、名列前茅。其优点是这种环境可以培养一个人的自信心和领导能力,让人们更好地展示自己,挖掘自己,提升存在感。例如,现在的基层领导人,并没有一个良好的环境,却可以致富一方。像感动中国人物段爱萍,被群众自发选举成书记,带领群众种药材、翻盖小学和养老院,被群众铭记一辈子;像小岗村书记沈浩,人民群众说"我们没有想到的他想到了,他是我们的亲人",质朴的语言表达了群众对他的认可。

他们都在平常的环境里做出了突出的成绩,成就了自己的事业。学生也一样,普通学校普通班里,一样有优秀的学生。每个学校、每个班里,无论开始怎样分层、怎样筛选择优分班,优等班里总有至少三分之一的学生被其他班级学生超越,那些超越者里,大部分学生就是在被关注、被重视、被表扬的环境里激发出自己能力的代表,只有在那样的环境里,他们才能焕发出精彩。

与之相对应的是"宁做凤尾、不做鸡头",比喻要融入一个好的集体,尽管在集体中的整体情况并不是特别乐观。这句话有一定的道理。凤尾的优势主要有以下几方面:第一,凤尾有助于接触到优势资源。利用好优势资源,可以提升自己,使自己处于一个优越的平台,开阔自己的眼界。例如,李嘉诚的司机只是一个普通的司机,但是因为长期和李嘉诚在一起,耳濡目染,也会受到李嘉诚经营之道的影响,间接接触一些商业信息,所以在被辞退前夕,李嘉诚说要犒劳司机额外给予他奖励的时候,他拒绝了,说偶尔听到李嘉诚的谈话,会相应地买股票做投资,收入已经翻多倍了。第二,凤尾有助于催人奋进,不断拼搏,接受新的挑战。俗话说"见贤思齐,见不贤而自省",和优秀的人在一起不但能学习他人的优点,更可以找到自己的不足,不断地突破自己,所谓"蓬生麻中,不扶自直""近朱者赤"就是这个意思。

对于心理素质较差或者调控能力较差的人群而言,其劣势主要表现为:在凤尾的环境中很容易失去自我,没有自信,盲目地跟从别人的观点。

所以,凤尾和鸡头各有利弊,应该根据自身的性格特点和资源优势选择。给孩子择校择班也是如此。和孩子沟通,真正了解孩子的意愿,不盲从,才能收获最佳的结果。

三、家长施以不理智的压力，与学生的能力相碰撞

每个人都是一个独立的个体，无论是外貌和心智，还是思维的方式，都是不一样的。没有哪一个更好，哪一个更差些，但人和人的差异是不能改变的。这些表现在学生的学习上也是一样，无论在哪一个学校环境中，学生的学习能力、学习成绩都是有差异的。

不是所有学生生来都善于学习、善于掌握科学知识，他们能力的擅长点、兴趣点、兴奋点并不同。社会上有无数的成功企业家、体育精英、影视明星，他们在自己的领域取得了伟大的成就，那些企业家、体育健将更是对国家做出了杰出的贡献。但论起在学校的文化成绩，他们未必都是佼佼者。

现代的青年必须进入学校学习，完成自己的中学甚至大学的学业，这是时代的要求。这些年轻的学生都要进行知识学习这场大比拼，成为一名有知识、有文化的现代合格公民。

很好地完成中学、大学的学业，这些年轻人绝大部分是胜任的，但一定要成为同代人中学习的优胜者，从对优胜者的定义认识上讲，这对一半的学生而言，就成为不可能。

大多数的家长总是认为，孩子进学校学习了，就应该成绩好；努力学习了，就应该优于别人。但家长们忘记了把这个想法进行推广，以此发现这是个不成立的谬论。每一个家长乃至每一个人都应该这么想：学生都学习了，努力了，依然会分出高低，永远不会一样的出色和优秀。当然，在学习这件事上，付出更多的努力，就会有更多的收获；付出了超于别人的努力，就一定会胜于那些不肯吃苦不求上进的人；但一定要成为一等一的优等生，要有很多的促成因素，那是一个人综合素质的体现。

有些家长常常忽略这一点，对孩子抱以过度的期待，施于不理智的压力，这会适得其反。谁能背负着高山轻松地翻越山头呢！有些家长给予孩子的期望，已经成为学生学业道路上的一座大山，使他们不能直起身畅快地呼吸、平静地潜心学习。

案例三

学生张希，其实素质还算不错的，智力虽不能说优秀，但也足以让自己圆满地完成高中学业，并经过努力考入一所不错的大学。

他的父亲，是一名优秀的工程师，有着坚强的信念和一颗上进的心。我相信，他自己原来一定是一名努力学习、肯吃苦、肯付出的优秀学生，也是一名优秀工作者。他以相同的目标要求自己的儿子。据说儿子小学和初中时，他就严格要求儿子的学习，安排儿子每天要完成的学习任务。这本是很好的，但他不仅如此，为了让儿子有更多的时间去学习，常常亲自为儿子整理作业、建立纠错本，列出每天要背诵记忆的文章、英语单词等。没有和儿子沟通就采购回来很多的书籍和教辅习题，要求儿子挤出时间阅读书籍，完成教辅中额外的学习作业。

进入高中的张希，学习成绩还是可以的，但他的身上却找不到成绩优秀的学生身上那种对知识的主动追求的兴致。

不知从哪天起，坐在座位上的张希常常打盹，他的学习成绩也开始平平。家长会上，张希的父亲在众人面前提出了对他的希望，他显得非常心慌。

父亲也找到老师们，提出了自己对儿子的希望。班主任更加关注张希的学习，发现他的字和他的桌面、练习册总是凌乱的，和张希聊天，发现他并没有太多学习的主动性。每说几句话，总要说一句"我会努力的，爸爸对我要求很高"。班主任建议他把心安定一些，每天整理好自己的东西，把各科学习的知识条理化一些，让自己脑子里有清晰的知识结构。

一段时间后，张希的学习成绩开始有些起色。再交流的时候，他对老师说，他觉得学习的东西很乱，他一直对前面的知识进行整理，但新学习的内容感觉又乱了。

父亲不断地送来学习资料、参考书籍，送来补脑药剂，并对儿子说，如果你语文考多少分，数学考多少分，总分你就可以达到多少了。张希在父亲面前总是低着头，不说话。

高二了，张希依然每天忙乱的样子，但老师布置的作业开始不能完成，手里经常拿着父亲买给他的习题册。他平静的脸上看不出什么表情，自习课的时候，又常常打盹。老师关心他的学习状态和成绩，他总是说自己在看复习资料上的知识总结、在刷爸爸买来的书上的题，常常问一句"我爸爸是不是又找老师了?"老师嘱咐他,要关注课上老师的讲解、关注课本上的知识,抓好基础,不能盲目刷题,现在不是陷入题海的时候。

事实上,他父亲找老师的频率更高了,对老师们说张希小时候的成绩,得过的奖项,说儿子智力非常好,现在成绩不好,是儿子不用心。

有一天,张希找到了班主任,他说自己要崩溃了,心里总是很乱,安定不下来。他知道父亲对他的期待,但不能接受父亲给自己的那些总也不能实现的目标。父亲期待的眼神总是在眼前出现,自己没办法安静学习。他说,他好像越来越不知道为什么要学习了,他学习的时候常常跑神,常有一种奇怪的感觉,觉得眼前的教室和书本距离自己很遥远。

班主任感觉情况很严重,和张希谈了好久,用轻松的语调弱化他父亲的行动,用积极的目标和未来规划唤醒他的意志,用亲切的关怀和理解的真情平静他的心态。张希本是一个爱学习的孩子,有较好的基础和智力,他接受了老师的建议,极力调节自己,用自己的学习方式、学习态度去对待学业。

张希的父亲又来到了学校,带着一张纸,上面写好了张希高考的时候各科要取得的成绩,说"我家孩子,如果各科能达到这样的成绩,就能进入前十的高校了"。他把同样的成绩目标也给了儿子一份,说努力爬也要爬进这样的学校,相信儿子是行的,现在成绩不好,是努力不够。

这以后,张希的成绩一落再落。不论怎么交谈,张希好像什么也听不进了。他说:"我学不会,也不想学了。"张希每天按时上课,按时休息,老师讲着课,他就睡着了。

张希没有了学习的兴趣,没有了学习的动力,更不用说主动性了。没有主观能动性,要学好高中学业,有些不可能。

现在的高中教育教学中,知识的深度与广度不断增加,传统的知识讲授方式已经无法满足新时期教学发展的需求,而且随着高考改革的深入,对学生的检测不再是单纯的知识记忆与运用,而是强调学生对知识的迁移运用能力,学会学习是知识经济时代和现代社会的基本培养目标。建构主义认为,知识不是通过教师传授得到的,而是学生在一定情境下,利用资料,积极主动建构而获得的,即学生根据先前的认知结构主动地、有选择地感知、加工外在信息,从而改变和重组原有的知识结构。因此,学习过程不是简单的信息输入、存储和提取，而是新、旧知识在学生主体中双向作用的过程，这个过程是学生主动建构的，是别人无法替代的。

现在的高考试题对解答问题的能力要求越来越高，没有主动地学习、思考，一般不可能取得好的高考成绩。

儿童期，学生学习的主动性很大程度上受家长和教师的影响，在家长和教师的督促中学习。到了青年初期，随着人生观、世界观的渐渐形成，学生意识到学习的社会意义，从而会积极主动地完成学习任务，并进行相关知识的扩展，以促进自身能力的发展和提升。

学习是个体积极主动完成的，是将知识进行内化的过程。只有积极主动地发现和接受知识，才能更加高效地完成学习任务。随着时代的迅速发展和社会对人才需求的不断提高，培养学生主动学习的能力，促进学生发展也日渐得到广泛关注。就学校教学而言，教师应该不断探究和发现问题，不断调整和改进教学方法，帮助学生形成主动学习的好习惯，从而不断增强学生学习的积极性和主动性。

有研究者认为，学习目标的确定可以是来自老师和家长的要求，也可以是学生自身的内在需要。通过结合学生知识能力的掌握情况，确定合适的目标，学生才会为了更接近目标而勤奋努力，主动学习。相反，对于学习活动没有一定的规划，对知识掌握情况没有一定的要求，学生主动学习的积极性就会很低。

研究者还认为，兴趣是激发学生制定学习目标、主动学习很重要的因素，兴趣是推动人们认识事物、探求真理的重要动机。人们对有兴趣的东西会表现出巨大的积极性。因此，如果学生对某一学科有兴趣，就会推动他努力学习，广泛涉猎有关知识，从而增强学习的主动性。所以，在教学中教师应该尽可能地挖掘知识中学生可能会感兴趣的点，以兴趣为出发点，引导学生学习。

随着社会发展进入信息大爆炸时代，知识更新和知识激增的速度也随之加快，终身学习成为时代要求。所以，学习积极性、主动性，不仅是学生高中学业的需求，更是其一生的需求。

而过大的环境压力，会使一个人失去信心；家长施予过大的压力，会让一个高中生失去主动学习的兴趣、主动性。解决学习中出现的问题，学好高中知识，高中生就已经承受了不小的压力，太大的外加压力，会压倒学生，使他们无力承受。

吴玉章老先生指出,我们对孩子有两种极端的心理,这两种心理都对孩子很有害:一是忽视;二是期望太切。忽视则任其像茅草一样自生自灭,期望太切不免揠苗助长,反而促其夭折。所以,父母合理的教导是解除孩子痛苦、增进孩子幸福的正确路线。

正确教育子女的方法,我认为最主要的应该是爱和严相结合。在生活上要给予子女适当的父母之爱,在思想上要严格要求他们,特别要舍得让他们到艰苦环境中去锻炼,在风雨中成长。这才是真正的爱。只有这样才能锻炼出人才,使他们成为真正有作为的人。

可喜的是,在老师们的一再劝解和分析、开导下,张希的父亲面对孩子的变化、成绩的滑落,终于慢慢觉醒,他不再不停地跑到学校、不停地向儿子提出自己的目标和要求、不停地送书送营养品,他慢慢地把学习的主动权还给了儿子,给了儿子学习的空间。

张希也慢慢好起来,老师们给了他时间、给了他空间,给他鼓励和信任,相约在张希请教问题时,给他最宽松的感觉、最自然的支持,与他建立起朋友般的关系。进高三的时候,张希的状态好了,人平静了,表情也松弛了,学习时的张希,思路走进了知识,老师和家长常常能看到他研究的神态。相信张希在高考时会取得不错的成绩。

第二章

自我认知的偏差

一、性格不同的存在及能力优势取向的不同

性格也可称为个性，著名心理专家郝滨先生认为："个性可界定为个体思想、情绪、价值观、信念、感知、行为与态度之总称，它确定了我们如何审视自己以及周围的环境。它是不断进化和改变的，是人从降生开始，生活中所经历的一切总和。"简单地说，个性就是个体独有的并与其他个体区别开来的整体特性，即具有一定倾向性的、稳定的、本质的心理特征的总和，是一个人共性中所凸显出的一部分。

苏联心理学家彼得罗夫斯基认为："在心理学中，个性就是指个体在对象活动和交往活动中获得的，并表明在个体中表现社会关系水平和性质的系统的社会品质。"

在日常的人际交往中，我们会发现，有的人行为举止、音容笑貌令人难以忘怀；而有的人则很难给别人留下什么印象。有的人虽曾见过一面，却给别人留下长久的回忆；而有的人尽管长期与别人相处，却从未在人们的心目中掀起波澜。出现这种现象的原因就是个性在起作用。一般来说，鲜明的、独特的个性容易给人以深刻的印象，而平淡的个性则很难给人留下什么印象。

由此可见，不管是哪一种倾向性的个性特征，不管这种特征是鲜明的还是平淡的，它都表明了一种个性。心理特征人人都有，精神面貌人人不可缺少。从这种意义上来说，世界上不存在没有个性的人。个性对一个人的活动、生活具有直接的影响，对一个人的命运、前途有直接的作用。

个性贯穿于人的一生，影响着人的一生。正是人的个性倾向性中所包含的需要、动机和理想、信念、世界观，指引着人生的方向、人生的目标和人生的道路；正是人的个性特征中所包含的气质、性格、兴趣和能力，影响和决定着人生的风貌、人生的事业和人生的命运。

性格不仅指一个人的外在表现，还指一个人的真实的自我。性格无所谓好与不好，但一个人的性格包含了他的思维与行动的倾向性，主要包括需要、动机、兴趣、理想、信念和世界观及做事的态度，例如坚持的瞬时性与持久性、面对困难时的态度等。

不同性格的人会适合不同的工作和学习方式。爱因斯坦曾说过："优秀的性格和钢铁般的意志比智慧和博学更重要,智力的成熟很大程度上是依靠性格的,这点往往超出人们通常的认识。"因为性格影响、渗透个性的其他部分,改变气质的消极部分,巩固发展积极成分,俗话说的"勤能补拙"就是这个道理。具有勤奋性格的学生,在学习上肯定会取得比较好的成绩。

父母过分地照顾和保护孩子,不放手让孩子自己去独立活动,孩子的性格多半消极、依赖、缺乏独立性和忍耐力,不适应集体生活,遇事胆小,优柔寡断。如果家长在困难面前常常显得胆小怯懦,那么孩子就不易形成坚强的性格等。例如,从孩子的问题入手管教孩子,是从家族的管理模式中学来的。有人说:"现在很多父母是以夸孩子为主的,只要夸奖孩子,孩子就可以长成自信、乐观、能力强的人。好孩子都是夸出来的。"这理论也没错,但在某些家庭,夸孩子的理论就成了无约束条件的溺爱行动,孩子失去了对自己正确认知的机会和能力,也失去了纠正自己错误的认识和能力。因为他觉得,无论怎么做,自己都是对的,自己是不会错的,无所不能的。再比如一家人吃饭,是谁有空谁吃还是人凑齐了一起吃,不同的家庭有不同的习惯。我们在公共场合的大声喧哗,以示热情,认为热闹的饭桌氛围是最好的。不接触更广的人群,不出国门你不知道有些地区的文明礼仪与我们很不同。这就是环境与见识造成的不同认知。

在情绪的强度方面,有的情绪强烈,不易控制;有的情绪微弱,易于控制。在主导心境方面,有的人经常情绪饱满,处于愉快的情绪状态;有的人则经常郁郁寡欢。不同的情绪特征引发不同的结果。每个人的性格是从小养成的,然后随着生活环境和社会环境慢慢融合改变,最终形成自己的个性。可以说这是伴随着一个人的成长过程形成的,当我们否认一个人的性格就意味着否认了其整个生活。

综上所述,个性对学生的学习有着巨大的影响,了解和掌握学生的个性特征可以提高教育质量。

能力差异是指人与人之间在智力、体力及工作能力等方面的差异,因性别、年龄、文化背景等因素而不同,也有很重要的一部分原因是自身的努力、后天的影响导致的。因此,能力也是可以通过某种积极的方法、后天的努力锻炼加以培养的。

我们每个人的能力可能不尽相同,造成这种差异的主要原因,一方面可能有先天的因素,如多血质的人比黏液质的人应变能力强些;另一方面也可能有后天的因素,如长期从事紧张工作的人比工作安逸的人应变能力强些。一个人遇事总是迟疑不决、优柔寡断,不能迅速做出决定。这表现在学习上,这个人也总爱犹豫不决,遇到问题不能决断地给出结论,造成答案的错误率上升,并且造成时间的浪费,随着从小学到初中到高中需要学习的知识的增加,就会越来越觉得跟不上节奏、不能很好地掌握所学知识。假如一个人从小做事就总爱半途而废,控制不了自己,没有不达目标不罢休的性格。这表现在学习上,就会遇到困难就逃避,遇到难题就舍弃;没有向老师、同学请教研讨的习惯,还表现为学习能力差,不努力、不用功等。因而,孩子的自我认知能力真是受个人成长环境、家庭认知、文化氛围等多方面因素的影响。

二、自我认知的偏差

每个人都会对自己有一个基本的认识。但是对自己有一个正确的认知却不是一件容易的事,有道是"知人易、知己难",一个人对自己的正确认识受到成长环境、成长经历、家长的教育方式、做事的态度等很多因素的影响。

自我认知(self-cognition)是对自己的洞察和理解,包括自我观察和自我评价。自我观察是指对自己的感知、思维和意向等方面的觉察,自我评价是指对自己的想法、期望、行为及人格特征的判断与评估,这是自我调节的重要条件。

人的自我认知分为:不知道自己不知道(无知)、知道自己不知道(自知)、知道自己知道(觉察)、不知道自己知道(习惯)四个阶段。

我们认识新事物,学习新知识,就是不断地从无知到自知,再到觉察,最后形成习惯的过程。一个人首先让他觉察到自己的无知,他才能走向自知,改变就有了可能。但从"知道"到"做到"也是一个相当难的过程,长期形成的模式很容易反复,需要不断地觉察、改变,持之以恒地坚持去做,才能逐渐形成习惯。

自我认知的心理认知是一种比较高级的认知能力。对于教育程度低,或者智力程度比较低的人,也许终身也不具备这种自我的认知。而对于有些人,则能够超越这种心理认知。心理认知一般来说是一个无限的过程，因为心理活动本身是无限的，它会跟着个人经历和记忆，以及思想和想象力不断发展而发展。因此，凡是出现和前一阶段或者时期不同的心理活动后，个体对自我的心理将会有一个总结和新的调整。

（一）能力的认知偏差

如果一个人不能正确地认识自我，看不到自我的优点，觉得处处不如别人，就会自卑，从而丧失信心，做事畏缩不前，那当然不可取、是大忌；相反，如果一个人过高地估计自己，也会骄傲自大、盲目乐观，导致工作的失误。因此，恰当地认知自己能够克服这些不切实际的想法，还能够全面地认识自己，在生活中就会寻找到适合自己的位置。

案例一

学生王怡在小学和初中时的学习成绩都非常好，在班里一直名列前茅，老师经常表扬她，亲朋及她的父母也经常嬉笑地称呼她"小神童"。她参加了中考，但她的成绩并不是很理想。

她进入一所不是特别好的重点高中，因为成绩并不很好，她进了这所高中的普通班。王怡的心态失去了平衡，她一直觉得自己非常优秀，智力非凡。考到一所不是特别理想的高中，又进入一个普通班，这是她不能接受的，这完全是因为自己中考失误造成的。

开学不久，她就不停地和年级主任、班主任及任课老师说，自己的能力特别强，学习能力也非常强，这次考试成绩的不理想，纯粹是因为中考时一次小小的失误。因为中考的失误造成成绩差，所以自己的成绩虽不很好，也应该让她进入重点班。

经过一段时间的观察，老师和领导发现王怡学习很努力，看到她的学习态度好，进步也很快，成绩还是很不错的，就决定让她进入重点班。毕竟，年级主任也好，班主任也好，让学生快乐地努力学习，取得好成绩，是他们共同的愿望。

进入重点班的王怡学习依然刻苦努力，成绩很不错，一学期结束，她进入年级前三十名。但王怡仍然不满意，她觉得自己选错了学校。她一直和自己的老师说，自己的能力非常强，自己的学习能力、接受能力和自学能力都非常好。她说，她可以学很多额外的东西，而且会比同学们学得快。"我是接受新知识，接受新事物的能手。"她说，"认识的人都说我是'神童'呢！"老师们都觉得她有些奇怪，为了保持她的自信，也都是鼓励她。她的智力确实不错，学习也很刻苦。但是老师们并没有感到她的能力像她所说的那样出色。高一第一个学期的知识相对于初中深了很多，难度大了很多，较好的智力加上努力学习，她还是能较好地应对的。

第二个学期，王怡感觉非常焦躁，她觉得自己选择这所中学就不应该，这配不上自己的智力。她开始向别人咨询，她是不是可以进入更好的学校，到更好的高中去发挥自己的能力。老师的劝说，她一点也听不进去。老师们说，在这样一个学校里，她可以发挥出自己的学习能力，也应该学得不错；就她的学习成绩而言，她确实很优秀，但是她的前面有许多同学，她的成绩和他们相比也有很大的距离，她可以融入进去，和他们一起进步。

王怡在这个时候往往不说话，但从同学们的反馈表明，她把这些归因于老师和学校。她觉得自己是棒的，智力一等一，学习也很刻苦。她觉得自己的成绩没有特别出色，就是因为自己没有进入一所很好的高中，接受特别好的教育。她开始拒绝和同学们交流，开始变得心态不稳，不能够认真学习，她每天和老师、家长不停地说，说自己在这个学校已经不能坚持下去了。

她说，就自己的能力而言，她应该到一个更好的环境中去学习。让一个孩子得到很好的教育，让一个孩子高高兴兴地，在自己所选择的环境里得到很好的教育，这是家长和老师们的共同心愿。在家长和学校的共同努力下，第二个学期里，王怡进入一所很好的重点高中。

可是，两个月后，在这所高中里，她的成绩不仅没有保持最初的水平，还在不停地下滑。她把这些归结于自己的不适应，或者归结于原来老师教她的学习方法不够好，或者基础不够扎实。一个学期很快就过去了，王怡的成绩仍然没有起色。她学习非常刻苦，晚上睡得也很晚，还参考了很多的辅导书。这些努力，并没有让她达到自己理想的效果。在这样一所很好的学校里，她本想着自己一努力也就会成为里面顶级的优秀者，她越是不能成为这个优秀群体中的一个，就越是着急、不安。慢慢地，她的苦恼越来越多，她非常焦虑，而焦虑和苦恼使她更加分心。

高一结束了，她的成绩仍然平平。她的智力不错，她也很努力，在这所非常好的学校里,她也能够保持中等名次。可是,这与她的希望相差甚远,她的成绩和她想要进入的大学更是相差甚远。

暑假里,王怡终于平静下来,重新认知自己。在这所很好的高中,自己拥有很好的教师资源,有了很好的同学资源,也有了很好的学校管理环境,学习也很努力,付出了很多辛苦,付出了很多学习时间,但成绩还是不太理想。她终于认识到,自己的能力好像没有自己想象的那么好。小学、初中的好成绩,大概和自己的志向、坚持和努力有关系。

在高一升高二的假期里,王怡和家长也进行了几场深刻的谈话。她分别找到了自己初中的班主任、原来高一时的班主任,耐心地询问,听取他们的看法,希望能给出建议。这次她的态度很认真、很谦虚。认真听取了别人对她的看法后,经过很长时间的思考,她调整、平衡了自己的心态,认真地对自己重新认识。她也终于明白,原来的自己对自己的认知是有偏差的,太高估了自己,自己对自身的认知绝大部分来源于周边的评价和赞美。

实际上,王怡的智力是不错,但她对自己过高的评估使自己的学习行为没有从自身的高度出发,过于着急、过于追求高难的知识点,而忽略了基础知识的掌握,忽略了基本知识框架的构建,知识多了,遗漏多了,从而影响了对整个知识的掌握和理解。理科班的数学和物理让她感觉很吃力,这就是她目前的状态。

经过自己的思考和老师们的建议,升高二的时候,她选择了文科班。刚转入文科班的王怡,也有着很多的知识缺陷,但是,她的记忆力很好,有着明显的文科思维优势取向,她小学初中的时候阅读量很大,这对她的文科学习都有很大的帮助。实际上,她对历史、政治的理解力很好。

选择了文科的王怡,一心学了下去,非常刻苦。经过高二一个学期的努力,王怡在文科班的成绩有了很大的起色。在高三毕业的时候,王怡虽然没有得到自己想要的成绩,但是比高二的时候好了很多,成绩有了很大进步,最终被一所很好的大学录取。

王怡的智力很好,同时她拥有很多优秀的品质,她有目标、肯吃苦、有毅力,有很强的行动力,心理素质也很强大。在发现问题的时候,她有勇气和胆量重新认知自己,寻求帮助,愿意动脑子客观分析,寻求新的崛起和突破。一个人正确地认知了自己,他的行为就会从实际出发,工作目标也切合了实际,有了可行性,更容易达成自己的心愿,得到及时的自我鼓励,增强信心;心态也就会变得平和,更能潜心于工作、学习,从而更好地掌握要领、取得成绩和进步,这样就更能促进个人的成长。

(二)心理承受力的认知偏差

心理承受能力是个体对逆境引起的心理压力和负面情绪的承受与调节的能力,主要是对逆境的适应力、容忍力、耐力、战胜力的强弱。一定的心理承受能力是个体良好的心理素质的重要组成部分。"心理承受力"像"心理素质"一样,是由生活概念进入心理学领域的。一般来看,心理承受力可以从两个方面理解。从狭义的角度看,即从生理心理学的角度看,心理承受力与先天的神经特征有关。按照巴甫洛夫的说法,人的大脑神经系统的耐受性大小、强弱,以及兴奋和抑制之间的平衡性是不同的。有的人耐受性高、兴奋和抑制平衡,他们能够承受较大的刺激,这样的人心理承受力强;而有的人则相反,他们不能承受大的刺激,其心理承受力弱。

从广义的角度看,心理承受力可以理解为个体对挫折、对苦难等非自我性环境信息处理的理性程度。人在一定意义上是我向性的,即人总有自我肯定的倾向,总是自然地以自己的标准作为衡量事物的依据。如果事物不以自己的标准来发展,就会产生否定、排斥的看法。在这个意义上讲,如果一个人以绝对的我向性来支配自己,他们不能操纵不同于自己的事情,然后出现严重的社会不适应,也可以说他的心理承受力弱;相反,如果一个人以可变的、接纳的方式处理非我向性事物,他就能够适应社会,可以促其耐受力增强。在现实生活中,广义的心理承受力更有现实意义。

每个孩子在学习这件事上都有一个心愿——成为一名全面发展的优秀的中学生,这是每一个人的心里的向往。对于大多数学生来说,他们的目标比较现实、客观。如果一个学生对自己的期待过高,超出了自己的能力,后果往往事与愿违。

对于那些心理强大的孩子,遇到学习中的困境,大多在家长、老师的帮助下,会重新认知自己,取长补短,经过一段时间的调整和努力,会扭转局面,重新成长起来。但是,面对困境,一个人重新认知自己的能力,还受到个人性格的影响。例如,勇气、信念、面对困难时的态度,更重要的是心理素质。一个心理脆弱的人、优柔寡断的人、瞻前顾后的人,往往更不愿意重新认识自己,没有重新认知自己的态度、勇气和信念。这与一个人的成长环境和性格有很大关系。

学者研究了上海市某区 7968 名中学生($M=13.27$ 岁,$SD=1.75$),对研究对象进行了问卷调查,其中男生 3974 名、女生 3994 名。分析发现,经常愤怒、有抑郁倾向、自制力差的人自我认知更容易产生偏差,不现实的自我认知极易产生消极应对行为。令人担忧的是,成年人更容易关注青少年自我认知能力的外显非适应性行为表现,而忽略问题背后的因素,从而采取不恰当的应对方式。

案例二

高一学生刘伟,初中成绩还算平常,高中时选择了一所较好的高中。身为教师的儿子,张伟的心中有着很好的愿望。他希望自己的高中成绩能出色,考入一所理想的大学。开始时信心很足的他,十分兴奋,学习积极,成绩还可以。可是两三个月后,他基础的薄弱就开始凸显,这阻碍了他学习成绩的上升。他很用心,也及时得到家长和老师的帮助鼓励。

一个学期下来,他还跟得上班级的进度,但他已经很吃力,成绩也不理想,活泼的他因此变得沉默。

班主任老师多次和他谈心,帮助他分析原因,指导他要从自身情况出发,客观地确立适合自己的切实可行的学习计划、制订合适的近期和远期学习目标;但见效并不大。

他太急于成功,目标的难以实现使他的学习心态变得慌乱。刘伟的学习更加缺乏计划性,成绩好的学生怎么做他也怎么做,那些学生做什么题他也跟着做,同桌学什么他也学什么。老师的劝导他依然听不进去,说同学们这样行,自己也行。

刘伟忘了一个事实,每个人都是不同的。有的学生能较轻松地搞定自己的学习和生活,而有些学生是靠每日的努力拼搏取得满意的成绩。但无论哪一种,取得好成绩的学生,都是从自身出发探求适合自己的学习方式和学习目的,一步步走下去,然后取得好成绩。他觉得自己制订了目标,只要用心了,就应该比别人更轻松搞定。他的认识产生了偏差。

班主任建议他学习要抓好基础，从自身情况出发，不要一心盯着别人，要有自己的计划，他说没事，自己会搞定一切的。班主任和他的家长交流，家长也建议刘伟对学习的规划要切合自身的条件，学习的目的是掌握知识，而不是和别人攀比。家长告诉他，基础差些就要重视基础知识的掌握，不要好高骛远，学习要一步步来。刘伟说，别人行自己也会行的，原来初中时成绩差，是自己没有努力、不用心学习的结果。最终，刘伟也没有接受别人的学习建议，一直照着自己的方法学了下去。

刘伟的学习成绩如意料的那样越来越差。他心气很高，同桌的化学成绩好，他觉得自己太弱，同桌会嘲笑他、瞧不起他，他就想把化学成绩提上去，常常一天在这科上花费的时间很长。如此反复，他顾及了这科就会追不上另一科的进度。如果刘伟一直这样努力，一直这样坚持下去，很有可能有一天他会顿悟，找到属于自己的学习方法、学习节奏，可能成绩也会慢慢好起来。

出乎老师们的意料，刘伟并不像他自己说的那样坚持、有勇气，他把自己超乎自身条件的要求，建立在了自己脆弱的心理承受力上。他很在乎别人的评价，在乎周围人的看法，他的心理非常脆弱，他的学习热情和学习动力，只是缘于不能忍受别人的轻视，甚至一个眼神。他非常敏感，他的成绩不理想，但并不是跟不上班级学习节奏，是他的心理已经承受不了自己的不成功，他开始变得非常烦躁。他开始经常请假，说头疼或者身体不适。回家两三天后返校，精神好些，可依然如故地追求心中的"理想"。很快，状态又恢复到从前，焦躁不安，左看右看，学习不下去了。如此反复，频繁的请假，越发使他觉得学习困难，他的选择是继续逃避。

第二个学期，绝大多数学生都适应了高中的学习生活，有了自己的学习方法，而刘伟的状态更加糟糕。父母劝他学文，他不愿意；劝他转学到一所普通学校，他说"那多丢人，肯定不行"。他不是不清楚自己的处境，而是不能接受同学和别人的议论。

他的状态越来越不好，原来学习不下去时，他还左看右看的。到后来，坐在座位上的刘伟总是低着头，上课时也很少看老师，总是在低头沉思什么似的。

实际上，这时的刘伟已经"撑不起"自己的学业了，不是他的身体状况不行，也不是他的智力降低了，只是他的心理压力几乎摧毁了他脆弱的神经。刘伟不是不想努力，可是他无法让自己从顾虑中走出来。他在日记中这样写道：

刘伟的日记

他说很难过、压力很大，他怕别人笑话、怕别人说他不行，甚至怕阿姨的谈话，他的心、他的关注点都放在了这些顾虑里，自然压力极大。

他越来越频繁地休假，休假的天数越来越多。他对老师说自己头疼，对同学说自己总是肚子疼。老师找他谈话时，他总是蹲下，说难受得无法承受了。回到家里，父母要带他看医生，他拒绝。父母仔细观察，觉得他身体好像没有什么毛病。父母劝刘伟出门散散心，他也拒绝，说自己想安心思考一些问题。再后来，刘伟回到学校时课都不能听明白了。到最后，他对自己的学习已经放弃，不得不休学。

刘伟最后休学，不是他的体质原因，也不是智力原因，而是因为他心理的敏感和脆弱，他太顾及别人的看法，又没有强大的心理承受力。如果刘伟最初把自己定位为一名普通的学生，从基础知识抓起，切实可行地制订一个个学习小目标，不急躁、不吹嘘，多寻求老师帮助，多和同学们交流，心态平和地潜心学习，坚持一步步稳稳地走下去，可能成绩会不太突出，但肯定能很好地学完高中的课程。如果他的心理素质好一些，更多地关注思考自己的知识学习，而不是别人对自己的看法，打下坚实的基础知识，经过高三的复习，高考时或许会取得不错的成绩。

他对自己的过高评判,给自己定下的过高要求和目标,又错估了自己的耐受力和心理承受力,最终毁了自己的学业。

老师多次与他谈心,家长也认真规劝,积极参与想对策,可是他却固守自己的意念,告诉老师和家长,他会学好、他要学好。但是,脆弱的承受力,加之采取的错误方式,他的成绩极快滑落,最终不可挽回。

刘伟心中对自己有很高的期许,不仅没有达到学习目的,还变得"跟不上"。这让他觉得无脸面对同学、老师和亲朋,把自己日日关在家中。

自我作为个人心理宇宙的中心,是个体人格的重要构成部分。自我认知作为自我的核心,在自我结构中发挥着基础作用;自我情绪是个体基于自我认知的主观体验;而自我效能则是个体行为的调节器。

研究者向某校 716 名高中生发放了 Wallace 自我概念量表、自我描述问卷、自卑量表、自尊量表、学业自我效能感问卷及一般自我效能感量表各一份,回收有效问卷 417 份,采用独立样本 t 检验,结果表明,性别在自我认知、自我情绪和自我效能上的影响均为男高女低;文理科在自我认知、自我情绪和自我效能上的影响均为理科高于文科;生源地、是否为独生子女和有否留守经历对自我认知、自我情绪和自我效能从整体水平上看,并不存在显著影响,但在各自不同的维度上存在影响;采用相关分析,结果表明,自我认知、自我情绪和自我效能三者之间呈两两显著正相关;运用 IBM SPSS Amos 22.0 软件进行中介效应检验,结果表明,自我认知对自我效能的影响中,自我情绪起完全中介作用。

为进一步验证研究中所建模型在实践中的合理性,研究者招募原被研究者中的被试 264 人,其中 133 人为实验组、131 人为对照组。实验组接受每周一次,为期约两个月的团体辅导,而对照组不进行任何干预。实验组干预结束后,运用研究一中的量表对实验组和对照组进行后测,收回有效问卷 1584 份。在自我概念量表和自我描述量表上得分的增值,分别表现出实验组高于对照组的显著差异;在自尊量表和自卑量表上得分的增值,分别表现出实验组高于对照组的显著差异;在一般自我效能感量表和学业自我效能感量表上得分的增值,分别表现出实验组高于对照组的显著差异。

研究结论主要为:自我认知、自我情绪与自我效能感在性别、专业等人口学变量上存在差异,均表现出男生高于女生,理科生高于文科生;自我认知通过对自我情绪影响，进而对自我效能发挥着削弱或增强的作用；自我认知团体干预能够提高自我认知水平，且这种促进作用通过自我情绪对自我效能产生影响。

对于刘伟，班主任和家长给予了很大的关注，双方积极配合应对。班主任就刘伟的情况，认真分析：他有一定的智力水平，有积极向上的心态，如果能吃苦、肯坚持努力学习，那么从基础抓起，制订切实可行的学习方案，刘伟还是可以较好地实现自己的心愿的。家长积极干预、调节孩子的心态，稳定他的情绪，打开他的心结，几个月后，笑容又重新回到了刘伟的脸上。家长和他一起选择了退一级重读的方案，刘伟在家中开始了上学前的复习和自学。这是一个良好的开端。

三、目标与自我能力的和谐存在

一个人对自己有了正确的认知，从实际出发，制订恰当的工作学习目标，付出行动和努力，才能够顺利实现目标。《孙子兵法》中的"谋攻篇"就有"知彼知己，百战不殆"的名策，这句话不仅适用于战争，还适用于行动的任何时候。

早在古希腊时期，人们就已懂得认识自己的重要性，并将"认识你自己"铭刻在德尔菲神庙之上。苏格拉底也时常向自己发问，并自答"我除了知道无知这个事实外，一无所知"。他还将"认识你自己"作为哲学出发点，把先前哲学家的关注点由自然界引向了人类自身。

高中生处于人生发展的黄金期，随着认知的发展，抽象逻辑思维不断提升，个体的自我意识变得更加理性、客观。在情绪体验方面，变得更加强烈、更加广泛，也更加敏感、脆弱。在对自己的行为评价、调节上也会越来越成熟。

近年来，更多的研究表明，自尊与一般自我效能存在着正相关，但却是两个不同的概念，两者往往一起对个体的其他方面产生着影响。比如，对于在校生来说，自尊水平的高低会通过自我效能感对其学业成绩的高低产生影响；父母文化程度和家庭教养方式以自尊为中介，对青少年一般自我效能感具有预测作用。自我是个整体的心理结构，各因素间有着紧密的联系。团体心理辅导罗杰斯认为,不清晰的自我概念会严重影响个体的心理健康水平,明确的自我意识,或者说清晰的自我概念,会增强个体的自信心,使个体更好地接纳自我。

有句俗语"知人者智,自知者明",自我认知因素受到干预的同时,其他方面必然也会受到影响。"人贵有自知之明",都是前人对后人的提醒及期望。从自我的认知、情绪及行为切入,深入地了解心理机制,有利于高中生更好地实现自我和谐。

案例三

王天是一所重点高中的学生,从进入高中开始,他就是年级的第一,无论哪一科,他都是不可置疑的第一。老师们常常夸赞他是激励同学们时不二的人选。同学们也都很佩服和羡慕他,常常向他请教学习中的困惑,愿意和他商讨问题。王天很高兴,一种由衷的自豪不能遮掩。

王天学习很努力,可以用刻苦来赞美他。他学习有计划、有自己的章法,善于整理自己的知识,在刚刚开始高一的学习时,好多人还不适应高中的学习生活,他手中就已经拿着课外辅导书,教参、习题精炼、随时练等辅导书籍准备得很全。他每天都静静地学习,心态悠然,很是享受学习的样子。这样的情景,不知迷倒了多少同学,他们都羡慕不已。

高一下来,这种状态就一直保持着,毫无例外,老师们对他有很高的期待。高二开始,不时地有其他人的单科成绩超越王天的情况发生,每每这时,都会引起老师和学生的一阵喧哗:"哇!你能超越王天呀!"每逢这时,王天就越发地学习努力,下一次的测试,他就会夺回自己的第一属地。

其他人的单科成绩超越王天的情况越来越多地出现,后面学生的总成绩和王天总成绩的差距也越来越小。到高二学年要结束前的两个月,一名学生在月考时总成绩超越了王天,这是第一次,老师和同学们又是一次集体哗然。班主任还没有来得及找王天了解情况,他就跑到班主任面前,说自己这次考试时身体不适,老师释然了。

接下来的一次小考,王天有一科的主观选择题没有涂卡,成绩出来,他当然不可能是第一了,但老师和同学们都知道,这是因为王天没有涂卡的结果。老师很奇怪,这么多次的考试,王天一直都很认真、很心细,为什么这一次忘记涂卡呢!

王天的行为也引起了班主任的关注。接下来的一次考试中,班主任提前找王天谈话,嘱咐他考试时要认真、用心,别再出现遗忘涂卡的情况。

考试成绩出来,王天的总成绩位居年级第二。王天跑到办公室,和班主任老师说,考试物理时,自己牙疼,牙近来总爱疼,答题时思维总是不能集中,考试后一看,那道物理题自己是会的。班主任突然意识到什么,对他笑着说,是吗,牙疼不是病,疼起来要命啊!牙疼可是很容易影响思考问题的。

王天走后,班主任联系了他的家长,向他们说起王天的近况,想了解一下情况。这样,班主任明白了王天所有行为的原因。前面所有考试时的小状况,都是因为王天意识到自己一个同班同学的学习实力已经不亚于自己,他担心考试成绩出来,自己不能再保持第一。他说,他不能接受这样的结果,也不能接受老师和同学们的评论。

高二的期末考试,王天名列第三。考试成绩出来,他再也不能平衡自己的心理,请假回家了。升入高三,上课时他总是走神,自习课时他不停地进出教室,他的心安定不下来。过几天,他就请假回家了。回家的王天惦记学业,在家打转,一天后又回到了学校。可是回到学校的王天依然学习不下去,自习课他不停地进进出出,一天去找老师好几次,可是又不想说什么。

老师找他好多次谈话,都没有结果,家长的劝导他也听不进去,他说,凭什么他那么努力学习,为什么他们的成绩会比他好,难道他不够努力吗?他说,他心中很不平衡、压力非常大,他不能看着同学们学习。他一看到同学们努力学习,就觉得紧张、有压力,觉得每个人都要超越他。

班主任知道,王天的成绩好是毋庸置疑的,基础很扎实,不能这样持久下去,这样的状态会毁了王天十几年的学业。班主任创造合适的谈话环境,再和王天谈话,班主任尽量放松语气和神态,和王天像朋友和亲人一样聊天并开导他,倾听他的烦恼,表示非常理解他的心情。和王天分析,进入高三,他这样闹情绪的后果。

王天是爱学习的,珍惜他的学业,他静下来,终于听进老师的话。最后,班主任说,高三了,有没有想过这样的状态要持续多久,有没有想过要怎样结束呢?王天说,他明白了。

可是回到教室的王天,又一次失败地退出来了。虽说什么都明白,可他不能调节自己的心态,依然不能改变自己的压力和紧张情绪。

　　班主任联系了家长,说王天需要家长的关爱和帮助,建议家长应该拿出时间,帮孩子走出困境。建议家长带王天出去玩几天,看看更广阔的世界,引导孩子明白世界很大,世界上的人很多,不能以高中的成绩高一点低一点来论成败、论未来。

　　开始时,王天不同意出去,他惦记自己的学习。老师说,你的基础很好,现在刚开始复习,那些知识你已经掌握好了,几天的出门,没有什么影响;再说,高三越来越忙,以后出门旅游的机会很少,出门看看社会,对语文的学习也是非常有帮助的。

　　王天一直问班主任,出去玩几天真的不会影响学习吗?老师一再保证说,只要你记着我们的主题,强健身体,强健心智,平衡好自己的心态,收获就是巨大的。

　　游玩十天的王天回来了,他心态好了很多,脸上有了笑容,人也更有活力。进入班里学习,王天说,还是有些心慌,但感觉压力小多了。自习课时,班主任常常坐到班里的后排座位上,把王天叫到自己的身旁学习。老师静静地忙着自己的工作,不去看王天,沉浸在自己的工作里。这样的安静和投入影响了王天,慢慢地,王天好了起来,开始自顾自地安静学习了。

　　高三了,越来越多的学生超越了王天,但他能坦然面对,一步步按着自己的节奏,进行着自己的学习。最后,他依然保持在了年级的前十名。

　　王天后面的成功,源于他接受了自己,对自己和他人有了正确的认知和定位,这给了王天平衡的心态、自信的底气、奋斗的目标。最重要的是,他找到了自己的和谐存在感。在这样自身能力与目标的和谐共存中,认准目标,努力地一步步去实现。

　　学业压力中的奋斗压力、内部期望压力、外部期望压力等维度均与学生学习满意度、学生对学校满意度、学生对教师的满意度呈现正相关。学生的情绪,是对自己的行为能力做出判断和评价后的感知。只有使自我结构的不同方面有机统一,才能激发出自身的能量和才智,进而达成自己的学习目标。

　　和谐是事物之间在一定的条件下具体的动态相对辩证的统一,是不同事物之间的相同组成、相辅相成、互助合作、互利互惠,这是辩证唯物主义和和谐观的基本观点。和谐是一切事物的原则。工作、学习、生活皆如此，一个人内在必须是和谐的，和其他事物的关系必须是和谐的；如果不和谐，就不可能存在。因为他们有内在的联系，有和谐的本质。在我们的教学活动和学生的学习中，都要保持和谐状态，教师的工作才能更好地完成；学生也要使自身达到一种和谐的学习状态，这样，学习成绩才能达到最佳。和谐的师生关系、和谐的学习氛围，也是一个好学校、好班级的管理必不可少的。

事实上，这些因为对自身认知产生偏差而导致的学困生，更需要家长和教师的关注和认可。家长和教师给予学困生多一点鼓励、多一点关爱，多和学生交流谈心，和学生建立起畅通的沟通渠道，成为朋友，学生就会找到存在感、安全感，心就会静下来，找到自身的和谐存在。久而久之，学生就会重拾信心。教师引导其他学生对学困生的优秀表现给予热情公正合理的评价，让学困生从教师及同学的正面评价中，逐渐对自己充满自信，有勇气重新认知，给自己一个合适的、切实可行的行动方向和目标，是一个很重要的改变学困生的手段，让学困生认识到自身存在各种优势与潜能，在勇气自信的支撑下，学困生的学习成绩自然也会得到大幅提升。

第三章

失落的亲情

一、家庭的重要性

家庭是孩子的第一所学校，父母是孩子的第一任老师。孩子智力的启蒙和后天性格的养成来源于家庭。

宋庆龄女士说："孩子们的性格和才能，归根结底是受到家庭、父母，特别是母亲的影响最深。孩子长大成人以后，社会成了锻炼他们的环境。学校对年轻人的发展起着重要的作用，但是，在一个人的身上留下不可磨灭的印记的却是家庭的影响。"

作家马卡连柯劝诫家长：教育孩子是我们生活中的一个最重要的方面。我们的孩子是我们国家未来的公民，也是世界的公民，他们将创造历史。我们的孩子也是未来的父亲和母亲，他们也将要成为自己孩子的教育者。但是，这没有概括一切，我们的孩子又是我们晚年的希望。

教育家陶行知说过："教人要从小教起。幼儿比如幼苗，培养得宜，方能发芽滋长，否则幼年受了损伤，即不夭折，也难成材。"

苏联著名教育学家苏霍姆林斯基曾把儿童比作一块大理石。他说，把这块大理石塑造成一座雕像需要六位雕塑家：1.家庭；2.学校；3.儿童所在的集体；4.儿童本人；5.书籍；6.偶然出现的因素。从排列顺序上看，家庭被列在首位，可以看出家庭在塑造儿童的过程中起到很重要的作用，在这位教育学家心中占据相当的地位。为此，家长了解家庭教育的重要性是十分必要的。

家庭教育问题自古以来就受到人们的关注，但被作为一种学科进行研究，在我国也就是近年来的事情。这是时代的发展，人才的需求，国民整体素质提高所必须涉及的问题。这里与家长们探讨家庭教育的重要性，目的是要家庭与社会、教育部门共同担负起教育下一代的任务。人的教育是一项系统的工程，这里包含着家庭教育、社会教育、集体（托幼园所、学校）教育，三者相互关联且有机地结合在一起，相互影响、相互作用、相互制约，这项教育工程离开哪一项都不可能，但在这项系统工程之中，家庭教育是一切教育的基础。

家庭教育一定要有连续性。孩子出生后，从小到大，几乎三分之二的时间生活在家庭之中，朝朝暮暮，都在接受着家长的教育。这种教育是在有意和无意、计划和无计划、自觉和不自觉中进行的,不管是以什么方式、在什么时间,家长都在以其自身的言行随时随地地影响着子女,对孩子的生活习惯、道德品行、谈吐举止等都在不停地给予影响和示范,其潜移默化的作用相当大,伴随着人的一生,所以有些教育家又把家长称为终身教师。这种终身性的教育往往反映了一个家庭的家风,家风的好坏往往要延续几代人,而且这种家风往往与家庭成员从事的职业有关。

家庭教育是父母长辈在家庭中对孩子进行的个别教育行为,比幼儿园、学校教育要及时。常言道:知子莫若父,知女莫若母。家长与孩子朝夕相处,对他们的情况可以说是了如指掌,孩子身上稍有什么变化,即使是一个眼神、一个微笑都能使父母心领神会。故此,父母通过孩子的一举一动、一言一行,能及时掌握他们的心理状态,发现孩子身上存在的问题,及时教育,及时纠偏,不让问题"过夜",使不良行为习惯消灭在萌芽状态。

福禄贝尔说过:"国家的命运与其说是掌握在当权者的手中,倒不如说是掌握在母亲的手中。"这句话很有哲理性,它深刻地指明了家长在教育子女中所起到的作用。家长首先要明确教育方向与国家利益、人民要求相一致的原则,不能把孩子视为私有财产。

不论时代发生多大变化,不论生活格局发生多大变化,我们都要重视家庭建设,注重家庭、注重家教、注重家风,紧密结合培育和弘扬社会主义核心价值观,发扬光大中华民族传统的家庭美德,促进家庭和睦,促进亲人相亲相爱,促进下一代健康成长,促进老年人老有所养,使千千万万个家庭成为国家发展、民族进步、社会和谐的重要基点。

总之,作为家长要充分认识到家庭教育的重要性,自觉地做好孩子的教育工作,尽好家长的责任与义务,为国家培养出合格的建设人才,亦为子女成才尽到家长应尽的责任和义务。

家庭教育和学校教育、社会教育并称为教育的三大支柱。

二、失去亲情关爱的孩子心态

(一) 安全感的缺失

父母与孩子之间的血缘关系,及亲缘关系的天然性和密切性,使父母的喜怒哀乐对孩子有强烈的感染作用。孩子对父母的言行举止往往能心领神会，以情通情。在处理发生在周围身边的人与事的关系和问题时，孩子对家长所持的态度很容易引起共鸣。

在家长高兴时，孩子也会参与欢乐；在家长表现出烦躁不安和闷闷不乐时，孩子的情绪也容易受影响，即使是幼儿也是如此。如果父母缺乏理智而感情用事，脾气暴躁，都会使孩子盲目地吸收其弱点。家长在处理一些突发事件时，表现出惊恐不安、措手不及，对子女的影响也不好；如果家长处变不惊、沉稳坚定，也会使子女遇事沉着冷静，这样对孩子心理品质的培养起到积极的作用。

如果有孩子在场，父母却只关注自己的争执或交谈，孩子在父母面前总是被冷落，或者孩子在父母面前的表现总是被否定或做事总是被批评，那么久而久之，孩子就会产生不认同感、失落感、不被喜欢的感觉，缺乏自信，最后会感到孤单，没有了安全感。

使孩子产生安全感缺失的原因很多，例如父母关于孩子由谁负责、家庭由谁负担的争吵。经济不富足的家庭，在孩子刚出生的那几年里，鲜有不吵的。父母总是在孩子眼前吵架，会让幼小的孩子每天承担痛楚。其畏惧父母真的会分离，自己真的会脱离这个家，尤其是一些父母，他们总是在带孩子的过程中相互推卸，孩子会渐渐以为自己是父母的累赘，引发父母的战役，久而久之就会陷入自责，感觉不到亲情的关爱。在孩子面前经常争吵的父母，还会使孩子的心里产生怨气，脾气焦躁，做事非常极端，尤其是孩子从小模仿力非常强，父母的相处方式会是孩子学习的榜样。如果孩子缺少了父母的爱，就会出现一种暴力倾向。

因为心中产生的不满无法和自己的父母诉说，孩子心中积起来的怨气越来越深。当有一天无法发泄的时候，孩子就会变得非常害怕，甚至在做一些事情的时候产生一种紧张的状态。由于这种状态会让孩子变得非常暴躁，孩子做事就显得特别极端。

总之，专家认为，家庭氛围不和谐、父母忙于工作，致使孩子缺少父母关爱，是导致青少年出现情感缺失、没有安全感的重要原因之一。家庭是孩子体验情感、发展情商的关键场所。如果家庭不能给孩子提供需要的尊重、亲密与爱，孩子就会缺乏安全感。

孩子在小时候缺乏的安全感,成年后也会继续深受影响。比如社交恐惧,对身边人缺乏信任感等。

案例一

高中生李凡,适中的身材,长得很结实,大眼睛,一说话就笑,说话的声音很大。她表现得很愿意帮助人,甚至可以说帮人的态度很积极。

李凡的智力很好,看起来就很聪慧,虽说有些黏人,但我一眼就看出她本性善良,所以刚见到她我就很喜欢,她成了我的物理课代表。

作为课代表的李凡非常积极负责,几乎每节课我到教室她都会迎接,课后常常跟我到办公室,明明已经说明了作业内容,她也是一路追随聊天。开始的时候,我很高兴,只是觉得她喜欢老师,是一个非常负责任的孩子。

后来我发现,当我每次关心她问起她的情况时,她每次的回答都是"不怎么样",虽说是笑着回答,但言语里确实有真实的成分在。我很奇怪她为何会有这种表达,悄悄去关注她的各科成绩,还是可以的。过后,当她再说不怎么样时,我就笑着说,挺好啊,你的状态很好,成绩也不错,至少可以说"还可以"。她看看我说,"就是不怎样",转身走开。我说的次数多了,偶尔她也笑着说"就算还可以吧"。

我很喜欢李凡,但她过于热心和依赖,几乎一天要找借口跑到我那儿好几次,楼道里相遇,她也会截住我说几句。我开始关注她,悄悄观察,我发现她很少和其他女孩子一起玩耍,她人很好,却好像没有较好的朋友。她在班里做事时,总是显得很有声势的样子,高声说话想吸引别人的关注。她更愿意加入男生们的聊天,但她的几句话就能结束整个聊天环节。她不太善于和别人接触。

她总想热心地加入别人的聊天,但同学们有时会客气地拒绝。她想和女生们玩,但她好像总是不知道怎么表达、怎样开始。

一些文静、不爱玩闹的学生总是静静地坐在座位上,安然地看着书或小声地和邻桌聊着天,很是和谐舒适的样子。然而李凡却不能做到这样,放下手中的课本,她就不能让自己安然地坐一会儿。下课后,如果她的周边没有邻桌,她就会一下起来,想去寻找什么东西的样子。

期中考试后,我发现她的成绩有些下滑,好几科的成绩落在了后面。我关心地问她近来学习感觉怎么样,她说"不怎么样"! 我说你化学和数学成绩有些下滑,有什么原因吗? 她说"不知道"! 接下来我注意到,她好像经常情绪不稳。

一天,她情绪又不太好,来找我说话,眼泪要流下来的样子。我很关心,询问原因。她说,近来觉得什么都不会了,听不懂课,经常心慌,不能集中精力,想不清那些题目,感觉心里很空。

其实,我有些明白了,正好见办公室其他老师不在,让她坐下,说好好聊聊。她哭了,说自己总是觉得不受欢迎,不论怎么努力,也得不到同学们的肯定和友谊。"说实话,我不知道怎么和同学们交流,她们不喜欢我,我就不知所措。我总觉得没有依靠,总觉得孤单,总觉得心里很空。"她说,"我总是挺起身昂起头,不然,我就觉得自己心里空着,像没有吃好饭,直不起身来。""我总是大声说话,要引起别人的注意;不然,我就觉得孤单,觉得被冷落被遗弃。"我说"没有安全感"。她看着我,"哇"的一声大哭:"是的,老师。"

我了解到,她的父母在外地做生意,很多年来,她一直跟奶奶生活,父母为了给她良好的教育,很小就送她到寄宿学校了。过早地离开父母、离开家庭,她缺乏父母的陪伴,缺乏父母的关爱,缺乏家庭的温暖与心理的支撑。她的自信有缺失,她没有做自己的底气。

我很喜欢李凡,她还是我的课代表,课代表的工作做得极其出色。在好长一段时间里,我担起了老师兼妈妈的角色。她很聪明,智力极好,心态平和下来之后的她把心思用到了学习上,很快,成绩较差的学科就有了起色。虽说和同学的交往能力不是短时间就能改变的,但李凡的心安静了,好像有了依托。

一天晚自习,她又来了,脸色不好。我问她怎么了,还没有开口,她的眼泪就流出来了。原来,她爸爸的生意近来不好,已经亏损几个月,爸爸想放弃,而妈妈不舍。所以,她的妈妈就接管了过来,凑巧的是,半月前她妈妈的手受了伤,还没有好利索。李凡说的时候泣不成声,人缩起来,好像极其无力。她说,她担心她的爸爸会不会抑郁、妈妈会不会和爸爸吵架,担心妈妈的手会不会落下伤残。她说自己很不安,心慌得很,看不下去书。她问我:"我家是不是要完了?"一个十几岁的女孩,好像心里都是担忧和不安。

我笑着拉起她的手,对她说:"你父母做生意很多年了,生意的取舍他们会商量好最终决定的,不需要你操心,你也决定不了什么。爸爸没有那么容易抑郁,他是成年人,心理承受力大着呢,想舍弃这份生意,定是有了下一步的计划。妈妈不会留下伤残的,妈妈是去处理事情,不是去做体力活。妈妈舍不下这份生意,一定是觉得还有挽救的机会。放心吧,一次生意上的挫折,不会打垮你的爸爸和妈妈,也不会涉及家庭是否存在,更不会对你少了关爱。"

她终于露出了笑容,心也平静了,人也舒展了。

俞敏洪教授曾经说过,安全感不是丰衣足食,而是孩子情绪上的一种必要。有些父母却忽略了这种必要,以为在外边挣钱,给孩子最好的物质条件就是给予了孩子最大的安全感,实则缺乏了对孩子的陪同,孩子需要的并不是这些。

一个没有安全感的孩子心是不安的,自信心是缺乏的。一个缺少父母的爱、缺少家庭亲情的学生是没有安全感的,带着一颗不安的心,很难长时间关注学业,不能潜心学习。一个缺少家的温暖关爱的孩子也常常是不自信的,不会和别人恰当相处,常常连锁产生自卑感,给自己的学业带来阻力。

(二)对关爱的渴求

一个缺少家庭关爱的学生是没有安全感的,常常伴随自信心的不足甚至自卑,他们觉得自己在社会中是孤立的、是不受欢迎的,面对眼前的世界,他们觉得自己没有闯一闯的勇气,因为感觉背后缺少支撑。这样的孩子最大的心理问题,就是缺乏安全感,缺乏感受友善和爱的能力。他们的另一个共性就是渴望亲情和友情,而又常常缺乏获得友情的途径和能力。

李凡代表了这样一群孩子中能较好发展的一类,因为他(她)们的性格是开朗的,有主动寻求友情的行动,能信任人,能较快地向人敞开心扉,说出自己的心理困境,较快得到别人的帮助,即使不能完全扭转困局,也能在心理困顿挣扎时及时得到帮助,度过一个个艰难时期。随着时间的推移、年龄的增长、生活感受的丰富、见识阅历的加深,他们最后调整好心态,也会有安全、平静的工作生活。

性格内向、不善言辞、不会主动和人交往,这样的孩子内心会更加孤寂,外加很深的自卑感,更加渴望得到友情和亲情。

案例二

高中生马跃,沉默寡言,总是独来独往,好像不爱理人,一整天一整天地也听不到他说话,更不用说笑了。他说话的声音很小,作为一个男生,大多数人都觉得他性格怪异,同学们也不愿意理他。

进入高中的一个月里,他几乎没有同学和他聊天说话。班主任发现,课间,同学们大多在楼道里玩耍,马跃却常常站在楼道里的墙边,看着同学们。体育课或其他公共活动,马跃也总是站在队尾,不说话。该换桌了,没有同学愿意和马跃一个桌,他很尴尬。他找到老师说,他愿意一个人一桌。

马跃的班主任是一位将近五十的女老师。作为年长的老师,她不仅看重学生的成绩,更关注学生的健康成长。她觉得马跃这样的状况对他以后的发展非常不利,长此以往,孩子就毁了。她安慰了马跃,还给他找来一位同桌。他的同桌人缘好、活泼、懂事理,还很宽容,班主任先和他的同桌谈了谈马跃的情况,希望他能帮马跃一次。马跃的学习能力是很强的,用心,成绩很好。班主任鼓励马跃的同桌,可以和马跃从学习问题的交流切入,建立起相互信任、友好交流的局面。马跃的同桌实在是一位难得的同学,大气,不因一点小事计较、闹情绪。

然而,最初的交流还是受阻了,马跃总是低头学习,表现出很不愿意和同桌说话的样子。班主任看在眼里,悄悄把马跃叫到跟前,问:“你讨厌现在的同桌吗?”马跃看看老师:“嗯……没有。”他哼着说。“那怎么不愿意和同桌说话呢?”班主任和蔼地微笑说,“我和你的同桌聊过,他很愿意和你聊天的。”马跃抬起头,看看老师,眼睛里闪出了少有的光芒,一丝渴望、一丝希望自他的眼底升起。马跃说:“我很愿意和他说话。”他的声音高了许多,班主任很是惊诧,笑着说:“那没有看到你理会他呀!”马跃脸上闪过羞怯,抬眼看着老师:“老师,我不知道和他说什么,他问我,我也不知道怎么回答。”他顿一顿,好像下了很大的决心,“我好久没有和同学说话了,一想着要说话,心里就发慌。”班主任想一想:“哦,那你会讲题吗? 就是把你做题的过程说给别人听。”马跃想一想:“我,我说不清楚。”班主任盯着他的眼睛,笑着:“你说你很愿意和同桌聊天,是吧?”“嗯,很想。”老师说:“很好,我们应该付出努力,扭转现在的局面,对吧?”马跃想了很长时间:“嗯。”“那要记着给同桌讲题呀!”班主任嘱咐。班主任让马跃回教室去的时候,他停了一会儿,抬起眼,想说什么,没有开口,眼泪流了出来,转身走了。

班主任找来马跃的同桌,告诉他,马跃特别想和他聊天,就是担心自己不会说话惹他生气。马跃学习成绩不错，如果有什么不会的题目，可以和他商量。他同桌说自己试过，马跃不肯讲。班主任鼓励他再试一次。

几天后，班主任惊喜地发现，马跃开始和同桌说话讨论了。从那以后，课上讨论问题时，老师总是把他拉到一个小组去。马跃不说话，只是旁听。再过一段时间，班主任就鼓励同学们，讨论不出来的问题，可以问问马跃的想法。有一天，马跃给小组的同学们解答了一个问题。班主任看着马跃，他笑着，是发自内心的那种欢喜。

一下课，马跃就跟着班主任来到办公室，他一脸欢乐，脸都红着，看着老师。"我看到了，我很为你高兴，我们会更好的！"班主任说。马跃什么都没有说出来，看着老师微笑着，有一些激动。站了一会儿后，他回到了教室。

马跃感到了班主任对他的关心和爱护，他的笑多了起来，只是，他开始每个课间都要来到办公室找班主任，总有问题要问。几次后，班主任就发现，马跃不仅仅是来解决问题的，他是来聊天、寻找关爱的。班主任佯装不知，每次都认真解答着。时间长了，班主任发现，马跃在她的面前越来越放松了起来，时不时会露出一些小孩对家长撒娇的样子，哪天遇到别的学生问老师问题，他就在边上等着，如果到上课时也没有机会说话，就会很失望，站着不走，班主任就催他去上课，下一节课间再问，马跃才会失望地离开。

班级的同学们出去玩儿或有远足等集体活动时，马跃还是落单，左顾右盼，孤单又局促。这时，班主任就叫他到身边来，马跃像得到了解救，紧紧地跟在班主任的身边，班主任就和他聊聊天或故意找点事让他帮一些小忙，马跃非常高兴。

马跃的状态好多了，但和同班同学的交流还是不行。班主任开始给马跃一些任务职责，比如担任宿舍长、负责中饭晚饭期间给教室关灯通风等，每一件工作马跃都特别用心完成。他所在的宿舍每次评比都是优，他总是最后离开宿舍，把每一个地方收拾妥当，他的行为感染了同舍同学，大家都尽职尽责。马跃的工作也得到同学们的认可，同学们对他也热情起来，他虽然与以前一样不善言辞，但是和同学们的关系却慢慢融洽起来。

高二了，马跃的学习成绩很好，要进入重点班。分班的那天晚上，马跃来到班主任的办公室，还没有说话，就大声地哭起来。他说自初中来，就没有谁愿意这么对待他,没有哪位老师愿意这么了解他,他一直很孤单,没有友情没有朋友。他说班主任让他感觉像有了妈妈的关爱一样。

那天,班主任了解到,马跃有一个幸福的家,爸爸做生意十来年,生意越来越好,他很佩服爸爸,觉得爸爸很厉害,只是爸爸一直忙,很少有时间和自己聊天,更不用说一起玩儿了。他初中就到了寄宿中学,他有一个妹妹,每次回家,除了吃饭,妈妈就忙着照顾妹妹。妹妹大些了,他休息时回家,妈妈大部分时间都是带着妹妹去各种培训班学习。马跃感觉越来越不知道和妈妈说些什么。马跃说,他后来越来越不愿意说话,再后来,也不知道和同学们说什么了。他说有些时候自己特别想和人说说心事,看看周围,却不知道说给谁听。他说自己常常做梦,梦到妈妈拉着他的手和他一路走一路聊着天。

马跃的状态要比刚来高一时好了许多,但转班后成绩还是下滑了。两个月后,因为情绪不稳、和同学们产生矛盾冲突,马跃回家休息了两个星期。

（三）对友情的需求偏差

情感对孩子具有的意义非同寻常,因为自我意识的提升,追根溯源来自情感的满足和良好的人际关系。因此,父母对孩子要学会运用不同方式来表示和传达自己的爱,至于孩子的习惯、状况、表现如何,都不能作为不满足情感需求的借口。父母对孩子如果是真正的疼爱,就要用行动有效地体现出自己对他的疼爱之情。父母要永远清楚:只有无私、无条件、符合孩子需要的爱,才可使孩子的情绪得到平衡,这样才更有利于孩子的全面发展。

教育家苏霍姆林斯基说道:"深情地爱自己的孩子吧,爱才会让孩子心理安定,精神放松。"有爱的孩子,才会有自信、有自尊,才会意识到自身的价值,平等、正常地和人交往。因此,父母要懂得用语言来表达对孩子的爱,用孩子能体会到的行动去展示自己的爱,以满足孩子的心理需要。

一个人从小是在无条件的爱中还是在情感忽视中长大,是决定这个人能否自尊自信地生活、能否正视自己的价值、能否勇敢追求生命的意义的根本。

不要每次考不好,父母就在亲戚邻居面前批评一番自己的孩子,让孩子觉得在亲戚朋友眼里,自己就是个差生;懂得给足孩子面子,注意保护孩子的隐私,孩子才有勇气张开翅膀,学会阳光地拥抱他人。当孩子上学时,被欺负、被嘲笑,父母即便在身边,也不帮助他,只会冷漠地教育他,让他自己学会面对社会现实,这传递给孩子的,就是他在父母眼里很不重要。

得不到父母足够爱的孩子,情感需求就会转移。

案例三

安茜,非常漂亮,眉眼精致还透着端庄,眼睛特别亮,好像天生就透着光彩;只是,眼中的光彩中总有一种犹豫,眼神有些躲闪。

安茜中考成绩不错,中等水平。高一刚开始,安茜学习努力,除了英语基础较差以外,其他学科成绩很好,第一次物理阶段测试,还夺得了年级第一名。

一个月后,安茜和她的同桌小丽闹矛盾,闹得很厉害,班主任知道了,找来两人调解矛盾。安茜什么也不说,小丽说,她太过分了。老师见安茜不说话,就让她先回去;把小丽留了下来。小丽说,她俩关系挺好的,可是安茜不允许她和别的同学玩儿,她和别人玩儿了,安茜就和她生气。大家一起玩儿时,安茜也要她必须和自己站在一起,只要小丽热心和别人聊天,安茜就说小丽冷落了自己,和她赌气。小丽说,每次赌气,安茜也特别难过,过几天就和自己又好了,所以自己开始总让着她。前几天,小丽约一名同学和自己、安茜一起吃饭,小丽觉得大家一起挺高兴的,过后还是和大家一起吃。可是第三天,安茜就和她生气了,说小丽背叛她、冷落她、不珍惜她们的友谊。小丽说自己烦了,不想总迁就她,就和她吵架了。

安茜好像并不知道怎么挽回她和小丽的友谊,她好像也不知道怎么通过聊天交谈去巩固她们的关系。不久,小丽要求换同桌。安茜为此沉默了好长时间,还病了一场。不仅自习课,老师上课时,她好像也常常沉思,她最擅长的物理课,期中考试时成绩也只排在班内的中等位次。

第二个学期,安茜的旁边坐了一个男生,男生很是平常,不论长相还是成绩,但他很活跃、很健谈,他对安茜很友善,常常找她商量问题。不久以后,好多同学悄悄说,安茜和那男生谈恋爱了。老师找来那个男生,说想了解了解情况,问他是否真的喜欢安茜。他说,他真没有那意思,就是关系挺好,常常商讨问题而已。又过一个多月,老师就听学生说,安茜给那个男生写情书了。班主任又找来那个男生,问到底是怎么回事,男生没有否认情书的事情,但保证自己真的没有这意思,说安茜可能误解了自己。

老师悄悄找来安茜,问事情的情况。安茜沉默一会儿,没有否认,她说自己很喜欢那位男生。老师问,那你感觉喜欢他什么呢?安茜低着头说:"说不清,喜欢他热情,喜欢和他聊天吧。"老师委婉地告诉她,那个男生并没有这个意思,他说你们只是好同学而已。安茜开始不信,老师很耐心地跟她说明了情况。安茜的眼睛里充满了泪花,眼光中那种躲闪、游离的样子让老师也很难过。

安茜为此沉默了好久,脸上本就少的笑容更少见了。安茜的成绩滑落得更厉害,更不愿意和同学们主动交流。班主任找她聊天,安茜难过地说:"为什么人们都不喜欢我呢!"老师说:"老师同学们都很喜欢你",又顿一顿,说,"这种友谊的情感是在一定限度的,嗯,不是私有化的,是一种让人感受到自由舒服的情感。"安茜看了一会儿老师,点点头,泪水流满了脸颊。

安茜来自农村,因为母亲身体不太好,所以很小就帮着家里干活了。可是安茜母亲的心情和情绪都不好,跑前跑后的她总是被母亲训斥,不是说她这没做好,就是说她那不上心,总是抱怨她不如别人家的女孩能干。

安茜很是知道母亲的不容易,母亲身体不好,力不从心时,就常常发脾气。安茜在自己的村里上学,总是上课前才赶到教室,一放学就跑回家。小时候的安茜好像很少有玩伴,总是在家被母亲指使着做什么。有时候,她被小朋友们悄悄约出去玩儿,回来必被母亲狠狠训斥。安茜也很少有和母亲聊天的机会,母亲除了忙碌,几乎就是抱怨和批评她的不能干。安茜总是小心翼翼,还是每天遭到指责。她常常看着同学们大笑,很是羡慕,同学们和她聊天,总是嘻嘻哈哈着,她感觉很是舒心。看着同学们高兴,小小的安茜也就高兴,回到家高兴地和母亲说话,母亲看着她,怒斥:"有什么高兴的!女孩子,整天嘻嘻哈哈的,像什么样子!"安茜立刻就住嘴了。这种情况发生两三次后,她就记住了,在家中再也不笑着讲话了。

安茜很漂亮,邻居和亲朋们常常对着她的母亲夸她:"好漂亮的闺女啊!看那眼睛,真迷人!"安茜特别高兴,母亲总是扭头盯她一眼,用不屑的语气说:"好看什么,黑不溜秋的。"安茜真的很美,就是皮肤有些黑。这样几次后,安茜每次一听别人对自己的母亲夸自己好看,就转身跑掉了。

安茜常常羡慕那些一受委屈就跑去找妈妈的孩子,他们总是能得到妈妈的抚慰,被抱在怀里。她也很羡慕那些小女孩,总是在妈妈身边蹦来蹦去,好像和妈妈有说不完的话。她扭头看看自己的母亲,母亲总是沉着脸,除了训斥自己,母亲好像没有和她说话的意思。安茜已经记不起,她有多长时间没有和母亲拉过手了。

安茜长大一些后,她发现自己常常有一种孤单感,看到同学们在一块玩耍,特别神往,看到三三两两的好朋友一起聊天、一起上学放学,心里有一种羡慕和落寞感。她特别想和她们一起,可安茜意识到,她好像不知道怎么和同学们去交流,不知道和同学们说什么,她好像不知道怎么和同学们亲近、去拉同伴的手,安茜觉得,那是她特别难做到的事情。在安茜的心底,她很渴望友情,她希望交流、希望说话、希望有好友听她的烦恼和快乐、希望有朋友站在身边赶走自己的孤单和寂寞。可是,安茜越来越觉得无力,她觉得自己没有这种能力,觉得别人好像都不喜欢自己,她没有自信,她不知道同学们为什么喜欢自己。安茜总希望换一个新环境,希望在新环境里重新开始,可是一切总是回到原来。

如果有一个主动来到身边的朋友,安茜就特别地高兴,她几乎不能也不愿意挑选朋友,只要朋友高兴,她就愿意和她们一起。安茜珍惜这种友谊,总是特别小心不愿失去,可也总是走进一个怪圈,最终总是使友情变得有压力而又紧张。她很痛苦,常常久久地陷入沉思。

有人说:没有爱的能力,是人生最大的悲剧。不具备爱的能力,便不懂爱人,更不懂爱自己,也不懂被爱。天真烂漫的孩子,让我们相信,他们天生就懂爱,那是与生俱来的能力。可有的人在成长过程中,却丧失了爱的能力。

有人说,这世界上,满眼都是爱孩子的父母,但缺少的是愿意自律的父母,缺少的是愿意陪伴孩子的父母,缺少的是能理解孩子喜怒哀乐和情感需求的父母;多的是奋不顾身保护孩子的父母,少的是守护孩子内心安宁的父母;多的是教育孩子勇敢坚强的父母,少的是和孩子站在一起的父母。

(四)产生与父母的对抗情绪

每个孩子都是深爱自己的父母的,他们来到世上,第一眼看到的是自己的父母,记得的第一口食物来源于父母,第一次感到危险求助的是自己的父母。在孩子的眼里,父母就是他们的依赖、靠山、安全港,和自己的父母紧紧依靠在一起、和他们取得一致的观点,是孩子们内心的出发点。

孩子们到了青春期,他们的思维模式、行为模式、情绪模式都有了变化,对父母意见的听从也发生了变化,尤其是高中生,他们的自我意识、人生观、价值观都逐渐成熟起来,开始对自己、对这个世界、对未来去探索去思考。思想情绪正常的孩子,这时虽然有了自己的主意、见解,并不完全听从家长的观点,但是,只要父母能站在孩子的角度,和他们认真交流,家长孩子会很容易达成共识。这样家庭里,父母看到的是孩子的成长,孩子感到的是父母的关爱,这样的家庭环境,对孩子一生的成长都有着重要的作用。

而那些因为失去父母的关爱和父母产生对抗情绪的孩子,他们的对抗来源于被冷落、来源于怨恨,这样孩子的心理是消极的,他们的对抗带有很大的破坏性,他们对抗的目的不是解决问题,而是要把事情弄得更糟,更多的是发泄。

案例四

张达,本是一个非常活泼的男孩子,阳光有活力,爱运动,足球、篮球他都喜欢,像是运动场上的小老虎。他聪明可爱,不仅上学积极成绩好,小提琴、风琴拉得都很好,很愿意在父母的朋友聚会时表演一下,有很好的表现欲,从不怯场。他的声音特别好听,很早就学习播音,像模像样的。他简直就是那种"别人家的孩子",是老师家长眼里的优秀学生。他父母的朋友都夸赞,小达聪慧有潜质,以后肯定发展得很好。

张达上初中的时候,他的父母开始闹矛盾,并且越来越厉害,不仅对张达的关爱少了,还经常在他的面前吵架。渐渐地,张达开始产生不好的情绪,早上不起床,他装着听不见铃声,开始经常迟到。父亲说他,他就愤愤而对,摔门而出。天下雨了,父亲让他穿上雨衣,他就偏偏伞也不打就出门。在学校,张达开始不交作业,老师和他的父亲交流情况,父亲提醒他,他不仅不听,还和学校的老师处处作对,专门违反学校的纪律。再后来,放学后张达就约同学在外面玩,很晚才回家。

进高中后,张达父母的关系更紧张了。张达除了不爱学习外,最大的变化就是不爱笑了。他没有了原来的阳光幸福感,还是踢球,大家却感受不到他原来的灵动。母亲很少管他,高中的他也拒绝父亲到学校来。

高二的时候,张达的父母离婚了。他表现得异常冷静,看起来没什么情绪波动,什么都没有提及,只是更少说话。同学们和他打招呼,他只是懒懒地招招手;见到老师,什么也不说,微笑中带着些礼貌和淡然。张达拒绝父亲给他打电话。

张达和父亲的对抗情绪,应该要很长时间才能消除。他和父亲的对抗,不是要获得思想的独立,更不是想在抗衡中取得和父亲一致的观点和见解。

三、情感困惑中的无力挣扎

高中阶段的学生,正处于内心非常敏感的时期。这个阶段的孩子如果没有和父母建立起良好的沟通模式,恰巧又缺少亲情的支撑,他们往往不愿意将自己的内心袒露给他人,往往选择独自承受。久而久之,学生内心越来越压抑,越来越孤僻,甚至产生自卑倾向。所以,中学阶段的家长在格外关注孩子学习成绩的同时,要敏感地观察孩子内心的变化,给予他们亲情的温暖。作为高中老师,一旦发现学生情感有波动、情绪有大的变化,要及时了解情况,做好心理压力疏导工作,这对预防高中生滑落为学困生有着极其积极的作用。

案例五

李好,虽说不太爱讲话,但性格随和,总是笑眯眯的,成绩也不错,我很喜欢,就选她当了化学课代表。她做事很认真,课代表的工作完成得很出色。

高二下学期的一个晚上,大概是十一点钟,李好的姑姑突然打电话过来,口气非常焦急,说李好到现在还没有回家,问我放学时是否看到李好在学校。我肯定地说,没有在学校。因为我放学回家的时候,去教室看了看,教室里已经没人;最主要的是,我走出学校的门口时,看到了前面李好的背影,虽然是晚上,我相信自己没有看错。李好的姑姑说,哦,她也可能是去了同学家。我也放下心,觉得很可能,李好和她的同桌关系特别好。

第二天上学,我看李好在教室,人也静静的,就没有多想。

三四天后的早晨,我上班刚到学习门口,就看到李好的姑姑着急地向我走来。她一看到我,眼泪就下来了,说李好昨夜又没有回家。我一听心中大惊,忽然想到前两天的电话,问李好的姑姑,是不是前两日李好就晚上未归。她哭得更厉害了,说这次已经是第三次了。我意识到问题的严重性,压住心慌,劝李好的姑姑平静一下,想想李好有可能去哪。李好的姑姑好一会儿才安静下来,说上次是在小区门口的墙边找到了李好。这次,她搜遍了小区内外,也没有看到李好的影子。

我安慰李好的姑姑,李好已经不是小女孩了,不会有事的,建议她赶紧联系亲朋,看有没有见到李好。我也迅速查遍了整个校园,没有见到李好的影子,悄悄询问了李好的几个要好的朋友,都不知道她的下落。

之后,李好的姑姑打电话来给李好请假,说在李好的奶奶那儿找到了她。一个星期后回来的李好依然是静静的,但是,再也没有原来笑眯眯的样子了。李好找到我,说自己做不了课代表了,说着眼泪流了下来。我给她擦掉眼泪,拉起她的手,让她坐下。我问:"是不是有什么心事?"她犹豫一下,欲言又止。我想了想,李好还不想说,不能强问,就笑着说:"我喜欢你做我的课代表,你是知道的,你当得很好,换人我是不习惯的。"李好没有说什么,就离开了办公室。

李好对我说自己做不了课代表,并不是一时冲动,接下来的一学期里,她的工作一团糟,她在教室的时候,也总是沉思着,不说话,学习的热情都没有,只要我不喊她,她就不会想到收作业、给同学们发作业的事。何况,最开始的一个月里,她总是请假,没有上几天的课。

一天,李好的姑姑来找我,说李好第二天要来上学了,她请求我多关注李好,说李好能来上学,只是因为她很喜欢自己的班主任。我希望李好的姑姑能谈谈孩子的转化起因。李好的姑姑还未开口,眼泪先落了下来。

李好的父母在一个小乡镇,她的姑姑是市里一所重点初中的老师。为了让李好受到良好的教育,初中时,她被送到姑姑家寄宿读书。姑姑家有一个女儿,刚开始上小学。姐妹俩本就熟悉,关系不错,姐姐的到来让妹妹非常高兴,觉得自己不仅有人陪着玩儿,有人给讲故事,写作业还有姐姐帮助,整天乐呵呵的。李好上高二了,时间越来越紧张,学业压力越来越大,晚自习后很晚才回家。每天妹妹刚起床她就上学走了,晚上放学回来妹妹都睡了,陪妹妹玩儿的时间越来越少,更顾不上给妹妹讲什么故事,也很少有时间解答妹妹的问题。更主要的是,李好的表妹已经长大,是五年级的学生了,有了自己的主意和爱好,也有了自己的小朋友。到周日的时候,两人常常因为用书桌的问题发生争执。李好的姑姑怪自己的女儿骄横,她的女儿就大叫:"这是我的家,这应该是我的书桌!"每到这时,李好就把书桌让给妹妹。

事情发生在李好上高二的下学期,李好的姑父原是一名军人,那一年他转业到市里工作了。原本两室的房间一下子就紧张起来,李好的表妹不能再跟着妈妈一起睡了,她要和姐姐一起。和姐姐一起睡,妹妹本是非常高兴的,可是一到一起,问题又有了,书桌、书的摆放、玩具、衣服、习惯、作息,这一切一下子绞在一起,冲突就发生了。一天晚上,李好在写作业,她的表妹喊着要关灯,李好把灯光进行了遮掩,妹妹依然不干,用脚不停地踢她。李好烦了,用手拍一下表妹,让她安静。表妹一下子大哭起来,跳下床,抱住了迎面过来的爸爸,说姐姐不让她睡觉,还打她。或许是爸爸多年不能陪伴女儿,现在看到女儿一脸的眼泪心疼了,或许爸爸只是想安慰一下半夜大哭的女儿,他对李好说:"你就不能让一点妹妹?"李好的表妹一听,哭得更厉害了:"让她走,她在咱家,还打我!"她一半撒娇一半撒气地喊。李好的防线崩溃了,她忍耐着。妹妹睡了,可李好的心思再也不能放进书本里,她一阵一阵地委屈,看看周边,那确实不是她的家,眼泪无法停止。别人睡了,李好站起来,悄悄走出了门。

第一次就这么开始了。

李好又回到学校,我找来她,直接和她聊起此事。李好两只手紧紧地抓着我的胳膊,有些颤抖。她说,她每天生活在痛苦的挣扎里,她知道姑姑对自己很好。很多年来,她已经把姑姑和妹妹当成了自己的家人,她习惯了和她们生活在一起,姑姑的家就是自己的家。近两年,她虽然也常常呆呆地看着妹妹在姑姑的怀里撒娇,羡慕地看着姑姑爱怜地看着自己的女儿,给她梳头发,刮她的小鼻子,心里常常升起失落和落寞。可是,姑姑的关爱总能给她安慰,她告诉自己,她长大了,是姐姐。可是,妹妹每次打闹说那是她的家,自己的心就像掉进一个深洞,人就瞬间麻木。"我不能承受表妹说让我走",李好看着我说,"我听到妹妹说让我走,我就一下子找不到自己了,不知道自己是谁了。老师,你能理解我的感受吗?"我点点头:"我理解。"李好的眼泪流下来。李好说:"我喜欢姑姑,我习惯了姑姑的家,想和姑姑在一起,可妹妹觉得我是外人。我想回自己的家,可我面对妈妈,却不知道说什么。父母看到我回来,只会训斥我不懂事,训斥我浪费时间,命我回来上学。那明明是我的家,我知道父母爱我,可我却找不到家的感觉。在姑姑的家里,我觉得熟悉温暖,但那却不是我的家,那里没有父母的爱。老师,我不知道我是谁,不知道我属于哪里!"李好抬着眼,不知道她在看什么,一脸的茫然。

李好后来没有再出走,也没有再请假,只是变得更不爱讲话,她常常盯着同学们看，微弯着腰，一种收紧身体的样子，或出神地沉思，眼睛里什么也看不出来。期末考试，她的成绩是从没有过的差。

听说放假回家后，李好想转学，父母没有同意；她想退学，父母更是断然拒绝。高三开学了，李好来到学校，她依然不爱说话，好像对什么都没有兴致，总是懒洋洋的。放学后，她也不急着回家。

我看在眼里、急在心里，又和李好有了一次很长的谈话。李好的姑姑实在是疼侄女的，在学校边上租了一套三室的房子。慢慢地，李好的情绪好转起来，学习也用心了些，只是不爱说话，也不爱和同学们交流。因为前面的知识遗落太多，李好虽然学习用心了许多，高考成绩还是平平。

有人说"爱如同呼吸"，还感慨"母爱，谁能替代？"。孩子成长过程中，作为父母，怎敢缺席？只有父母，才能给孩子十分的温暖和安全。孩子离开父母，幼小心灵里存有的是恐惧、无助、孤单、自卑。一位家庭教育家曾讲过这样一个故事：爸爸妈妈出去打工挣钱，一个孩子成了留守儿童。孩子呼唤妈妈，妈妈不能出现，孩子一次次失望之后，就是绝望，绝望过后就是麻木和冷漠。时间一天天过去，爸爸妈妈的身影越来越不清晰，爸爸妈妈成了电话那头的声音、照相簿里的照片、每月寄回家的生活费。孩子渴望爱，就在冰冷的地上画个妈妈的怀抱，躺了上去。

爱，是一种陪伴。父母陪着孩子长大，父母在孩子的长大中成长。就这样，日常的琐碎谱就了岁月之歌。父母，在与孩子共处中让时光消耗，在为孩子付出中记牢了情感，父母孩子携手共同成长的岁月才是我们最为长情最为美好的岁月，你中有我，我中有你，你的重要时刻我在参与，我的日常有你相伴，或许，这样度过的岁月才不会让人感到遗憾。在父母的爱和陪护下长大的孩子，其奋进的背影，才会坚韧而挺拔。

第四章

奋斗目标的缺失

一、学习目标的重要性

一个人的行为有多种，从积极和消极的角度说，有惰性的，也有积极进取的。大概人都有惰性的一面，那些惰性的行为常常是人在不知不觉中选择的，例如随意办事、不劳动、不学习、随意摆放物品、随意花费等。当然，这样选择的结果，会让一个人变得颓废。而那些积极的行为，有价值的行动，都是受一定的目标支配的。

高中阶段的学习，任务繁重，教学内容更加艰深难懂。一名高中生没有一个明确的学习目标，就不会有努力学习的动力，当然就不会学好高中知识。一名高中生要想在高考中取得好成绩，那更需要付出巨大的努力和毅力，需要一个学生集结自己的耐力、记忆力、分析力、理解力、归纳能力、推理能力等因素，调动自己的学习热情，克服重重困难障碍，才能赢得高考。

奥地利心理学家阿德勒认为，人是不完美的，总是存在着这样或者那样的缺陷。人想着要弥补这些缺陷，因此人生总是在不断地克服缺陷，追求完美，在追求中"进化的冲动，完美的理想，不断拉着我们向前"。他还认为，人有三种自卑：面对宇宙的自卑、面对其他生物的自卑和面对他人的自卑。正常范围内的自卑感往往是人成长的驱动力，让人们有勇气去克服在追求卓越的过程中遇到的困难，获得自我满足，实现终身成长。

阿德勒认为，每个人在生活中必然会遇到职业选择、社会活动和爱情婚姻这三个重大问题。个体能否正确圆满地解决这些问题，取决于他的社会兴趣是否得到了充分发展、他对生活的积极意义是否有最深切的感受。一个人有了对美满生活的向往，他才会非常热爱自己的职业；有了对客观成就的追求，他才会努力工作，在社会生活中建立起良好的人际关系。

阿德勒认为，一个人为了显示自己的重要性，才会尝试去适应他所居住的环境。为了强调个人与社会其他部分相互作用的价值，才会让自己的行为具有整体性、统一性和社会性。

二、"佛系"的心

佛系,流行词,该词的含义是一种有目的地放下的生活态度。2014 年日本某杂志介绍了一个"男性新品种"——"佛系男子",即爱独处、专注于自己的兴趣、不想花时间与人甚至异性交往的男人。

2017 年 12 月,国内一篇题为《第一批"90 后"已经出家了》的博文,介绍了现在年轻人的"佛系生活"方式,其"佛系"意指"不争不抢,不求输赢,不苛求、不在乎、不计较,看淡一切,随遇而安"的生活态度。有悲观人士认为,这体现的是一种求之不得就干脆降低人生期待值的思想,反映的是一种不可取的消极生活态度。

近年来,"佛系"一度成为社会热门话题而刷屏网络,"佛系"一词被高频率使用,甚至演化为一种时代色彩鲜明的文化现象。"佛系青年"一词,更是频频出现在人们的嘴边,这个词跟宗教没有任何关系,就是借这个符号,讲一种怎么都行、不大走心、看淡一切的活法。

"佛系"的心,不仅盛行于社会,也开始影响现在的高中生。那些学生不愿付出努力、不想吃苦、感觉还行就满足,学业明明不佳,对自己的状态却自我感觉良好。

案例一

王梓,一名格外随和的男生,整天笑眯眯的,满面春风,站姿里也透着随性,好像很难看到他挺直腰身。他人还挺聪明,但成绩不上不下,在班里二十多名徘徊。王梓很少生气,对同学随和,对老师也尊敬。班里的事,高兴时就参与一次,没兴致时就远远观望,好像一切都是他人的事,自己是一名观赏者而已。

一天的学习下来,王梓常有几个不经意的呵欠,说不上厌烦,但一定是没有兴趣。自习课上,他也在学习,但是总也看不到他努力投入学习的身影。

高二了,学习紧张起来,越来越多的学生开始发奋学习,王梓的成绩就更落后些,成了班里的中下游。班主任感到有些惋惜,王梓的智力水平还是可以的,努力学习的话,结果肯定比现在要好得多。

班主任找来王梓,问他近来感觉怎么样,他笑眯眯地说,还行。老师说,成绩下滑了。王梓说,可他学习了呀! 他再强调说:"老师,我真的学习了。成绩不理想,这也不怨我。"王梓说话时,有一些诚恳,没有任何的遗憾和惋惜。老师说:"嗯,可以再努力些。"王梓笑了,说可以的。

王梓的学习状态没有什么变化,他学着,但绝不会勉强自己。就这样,进入高三。同学们很快进入高三状态,学习时间安排得越来越紧凑、越来越有秩序,学习越来越用心。很快,王梓的成绩成了后几名。班主任不甘心,又找来了王梓。"你的智力很好,现在努力还来得及,一轮复习后,就很难超越了。"班主任对他说。"我学习了呀!"王梓说。老师开导他,可以更用心些,像其他同学那样。他笑了:"为什么要那样呢,我感觉还好啊!"班主任问他:"有什么学习目标吗? 有什么心仪的大学吗?"王梓笑了:"没什么明确的目标,看情况再说吧。"老师引导他,要努力学习,争取考得一所好大学,以后得到一份满意的工作,为社会做些贡献,也提升自己的生活品质。王梓想了想,说:"我感觉现在的生活挺好。"

记得一次看电视,看到的一档采访乒乓冠军邓亚萍的节目。邓亚萍说起自己年轻时训练打球时的情景,父亲对她要求非常严格,她脚上绑着沙袋,每天做高强度的不懈练习。进入国家队后,邓亚萍为了实现自己心中的理想,在别的队员休息时,自己悄悄地挤时间增加训练。邓亚萍是乒乓球史上排名"世界第一"时间最长的女运动员。聊到她的儿子也打球时,主持人问她,她儿子现在的训练是不是也像她一样刻苦。邓亚萍笑了,说儿子没有她训练得那么刻苦,儿子不想吃苦。主持人问为什么,邓亚萍说:"儿子说,他没有我那样一定要怎么样的目标,他觉得现在的状态就挺好。"她接着说:"你听过'佛系青年'的说法吗? 就是这种的,随遇而安,不难为自己。"

奥地利心理学家阿德勒认为,孩子自出生之后所经历的生长环境,都会成为他生命的一部分,孩子会对这些环境信息进行感受、解读、分析、接纳,使之成为自己的一部分。虽然"佛系"在社会中流行,对现今的一些孩子的思想产生影响,但那毕竟是略显消极的一股流行风,社会需要努力向上的人。所以,家长们应该把控好孩子成长的第一环境,把控好自己的家庭教育及影响,用自身的感染力,使孩子成为有理想有人生目标的年轻一代。

人,因不完美而奋发向上。人生,因不完美而更趋完美!

三、崇拜偶像的偏移

记得年长的一代人说,他们从小的梦想是成为军人,保卫国家;成为科学家,建设祖国;成为教师,传播中华文化。他们说,他们年轻的时候很有激情,要为祖国的强大努力读书,这常常使我陷入深思。

据说"70后""80后",他们中的很多人,从"崇洋媚外""崇拜金钱"的浪潮里冲了出来,崇拜科技,成为各行各业的精英,开创了我国的科技兴国之路。他们崇拜史蒂夫·乔布斯、比尔·盖茨等商界精英,崇拜袁隆平、杨绛等某领域的专业人才,因为这些人成了一种象征,是某种意义上的精神领袖。他们崇拜乔布斯,因为他是改变了世界的科技天才,因为乔布斯设计理念的哲学和美学,这种影响小到审美品位大到创意理念和生活哲学,这种偶像的影响是深远的。他们说,时代在变化,十年前中国人知道比尔·盖茨是因为他上千亿的身价,财富是他们产生崇拜的理由。

现在一些年轻人崇拜偶像的原因有些复杂,他们崇拜明星,不是崇拜明星的成功奋斗之路,而是崇拜他们脸和富足;他们崇拜网红,不是崇拜网红的智慧和吃苦,而是崇拜他们的夸张外形和收获;他们崇拜成功的商人和企业家,不是崇拜他们的创业精神和商海搏斗的豪情,而是崇拜他们的财富和挥霍。总之,他们只愿意要果实,而不愿意为果实付出;只看到别人的成功,而不愿意看别人的努力。

另外,记者在调查中还发现了这样一个小群体:他们对国家大事不感兴趣,也没有兴趣爱好,不善于交流,与身边同学关系一般;并且,他们没有任何偶像。"我没有任何的偶像,不少人说偶像能激励人心,但我从没有这样的感受;而且,我觉得偶像能够激励人奋斗的说法太假了。"

偶像的力量是很大的,积极的正能量的偶像存在,能激励人的斗志,激发人身上努力向上的激情和动力。引导年轻的一代在心中树立正确的偶像观,也是一项积极有意义的工作。

第五章

不和谐的同学关系

卡耐基曾经说过："和谐的人际关系是一笔宝贵的财富。"人际关系的处理对个人成长有十分重要的意义。作为个体，人一生中最长、最重要、最宝贵的时间都是在与人交往中度过的。对于高中生来说，学校是一个大家庭，是成长的重要场所，他们在班级中上课、学习、交往、参加各种学校及校外活动，所以与同学之间的关系对学生的整个高中生活影响很大。

某机构就"同学关系"问题在几所学校做了一次调查。结果显示，60％的人表示满意，36％的人认为一般，4％的人觉得不满意。

如果同学关系不和谐，原因是什么呢？高中生之间产生不和谐，会有很多因素：来自不同的家庭背景，有不同的思想意识，拥有不同的经济状况。处于青春期的孩子普遍个性比较强，性格偏强，不愿意服从，自我意识过强；这个时期的学生会有很多的想法，开始思考自己和世界，有很多的疑惑和迷茫，产生各种各样的志趣；处于青春期的孩子也正处于学习的重要时期，竞争激烈，学习压力也比较大，心理不稳定，产生不积极的行为冲动；有好多孩子有些时候不会处理人际关系，在交流上缺乏一些经验技巧，这样就不免会导致一些矛盾、摩擦，甚至会有冲突出现，致使孩子不能很快地适应环境，建立良好的人际关系。

冲动是青春的代名词，爱幻想、不甘落后似乎也是青春的主旋律。青春期的孩子还容易进行比较，如果比较的结果不理想，自己处于劣势，有的时候就会在心理上产生自责、羞愧和自卑的心理等，这些不良的感觉有时就会导致强烈的嫉妒心理，可能给孩子造成一些心理阴影，导致人际关系紧张。

高中生学业压力较大，加之升学的压力，特别重视成绩。有些学生不能正确对待成绩，成绩下降时，不是积极寻找根本原因，而是消极地抑郁低沉，产生心理问题。这种状况如果得不到及时排解，就会逐渐演变成极端的心理不健康，成绩再度下滑，如果学生的语言、行为发展成具有攻击性，也会和同学产生一些矛盾。

那么，不和谐的同学关系又会对高中生的学习生活产生什么样的影响呢？也许家长和孩子们这时候会认为，当升入高中后，学生要以学习为重，人际关系的问题可以放下。但是很多在学习上出现问题的学生，他们的学习问题只是一个外在表现形式，真正问题的根源还是人际关系，主要表现在亲子关系和同学关系，这里只讨论同学间的人际关系问题。不和谐的同学关系可以转移学生的思维重心，从而影响学生的学习成绩。那么，不和谐的同学关系又体现在哪些方面呢？我将高中阶段不和谐的同学关系分为以下几类。

一、异性同学之间关系的不和谐

在这个青春荷尔蒙分泌旺盛的高中时期，无论身体抑或心理上，高中生都变得越来越敏感，尤其在男女生关系上，初中生对男女生关系还比较敏感，采取回避态度，两性在形式上仍然泾渭分明；高中阶段，男女生之间转化为友好相处，彼此相互认知，出现融洽的气氛。在这样融洽的氛围中，就容易产生早恋现象。而这种早恋现象，正是高中阶段异性同学之间的不和谐关系。

早恋是青春期或青春期之前的少男少女所产生的过早恋爱现象。高中时期，由于年龄局限、涉世不深，容易缺乏必要的思考能力，更多的是跟着自己的感觉在走。在学校，感觉到异性的突出表现及特长，如学习好、长相好、有特长，或者看到一些比较特立独行有个性的异性等，他（她）们往往都会产生倾慕之情。这时如果把握不住自己，便会走进情感误区，产生早恋。那么早恋会给高中生带来哪些危害呢？

很多未成年人的恋爱时期都是在高中时代。然而高中时代的学习任务是非常重的，早恋者往往以恋爱为中心，被对方情感所牵制，加上身心不成熟，自制力弱，不影响学习几乎是不可能的。且在中学阶段，学生思想还没有完全成熟，情绪不稳定，恋爱中容易产生矛盾，心理脆弱且耐受力差，容易在情感波折中受到伤害。并且这种伤害会深深地埋藏在他们心底，无法逝去。久而久之，学生的思想重心也渐渐转移，就会成绩下降，进而对学生的整个人生规划造成一定的影响。

案例一

小凡性格热情开朗，学习优异，并以非常优秀的成绩考上了一所县里重点高中，入学成绩在全年级前十。他的同桌是一个非常漂亮、文静的女孩（小倩），学习成绩也很优秀，皮肤白皙，带着单纯娇媚的气息。第一眼见到这个女生，他就被她深深地迷住了。不过高中时候的他们十分腼腆，交流最多的还是在学习方面,遇到有些不太懂的问题时,小凡就会找这个女生去交流,以至于他们两个第一个学期就把高一所有的知识点都摸清了,高一最后一次期末考试,小凡考到了全年级第二,小倩进入了全年级前十。

高一学期结束的时候,他们顺利地走到了一起,开始了甜蜜的恋爱,周末一起复习,一起逛街,那个时候他们非常开心,都认为早恋并不会影响学习成绩。可是高二的时候小凡和小倩的座位被班主任给调开了。渐渐地,他俩课间也不再讨论学习了,而是讨论新上映的动漫电影,新开的自助餐厅等,有时候还会为一些小问题、小分歧生气、冷战。那个时候他俩恨不得把所有时间都用在谈恋爱上,而且不可遏制地妒忌与她(他)接近的其他同学。为此,他俩频繁吵架,闹脾气,情绪也变得不稳定,有时还心神恍惚,课堂上也不能专心听课,满脑子想的都是下课怎么讨好对方,心思完全不在学习上,最后导致学习成绩一落千丈,双双跌落到年级六百名以后。

后来,班主任找他俩分别沟通谈话,做思想工作,让他们知道马上就十八岁,成人了,应该要懂得利害关系。

班主任给小倩分析了树木和森林的关系:"现在觉得他帅、他好吗? 等上了大学,尤其是上了好大学,那片大森林里不知有多少栋梁之材呢。"接着,让孩子认知严重后果:"你即将面临人生第一个非常重要的转折点——高考,高考的成败一定程度上决定了未来的道路,所以为了自己的未来考虑,不如先把这份感情埋藏在心底。"班主任还一针见血地告诉孩子:"你将来考上什么样的大学,你在哪个层次,你的对象很有可能就在这个层次上了。你优秀、高贵,你的白马王子才能看上你;如果你发展得不行,白马王子也不会看上你。"

班主任也鼓励小凡,男孩子要有志气,要有自己的梦想。对于他们之间的关系也表示理解,并告诉他青春期的少男少女们渴望接触异性,对异性怀有好感是正常的,不足为怪,但是要及时意识到早恋对学习的影响,要当机立断,挥利剑斩情丝,别再为这点情感小事儿伤神分心,并教育他把爱埋藏在心底,待学业完成之后再说。在学校不要辜负父母的期盼,以最好的成绩回馈自己。

果然,没过多久,就看见了小凡和小倩的笑脸,应该是把"早恋"这份青涩深深地埋藏在了心底,他俩的成绩也有了很大提高。半个学期过后,小凡和小倩也都考进了年级前四十名。

高考的时候,两个人也都考上了自己满意的大学。

小凡和小倩是幸运的,得到了班主任的帮助和鼓励,并及时认识到了早恋的危害,尽快从这种不和谐的同学关系中走出来,及时止损,努力学习,最终取得了不错的成绩。

很多同学早恋时正处于青春期。也就是说,他们情绪并不是太稳定。当两个人情绪不稳定时是不利于两个人感情和谐相处的,可能两个人之间极容易爆发矛盾,而且这样的矛盾又非常激烈,会让两个人变得更加暴躁。所以说早恋较大的坏处就是影响学习成绩,不利于未来的发展。但是现在很多青少年对于恋爱都是充满向往的,而且大多数高中生对于恋爱都充满种种好奇,导致一些高中生产生早恋的念头;然而早恋会存在各种各样的危害,这些危害往往不一定是他们所能承受的,甚至会影响他们整个人生轨迹。所以同学们还是要把重心放在学习上,一切以学习为主。

二、同性同学之间关系的不和谐

高中生处于青年前期,他们摆脱了初中生的稚嫩,逐步走向成熟。他们的人际观念和人际关系也由简单走向成熟复杂。这个阶段的学生,从生活能力方面来看,他们基本可以自立,所以对父母的依赖就逐渐变少,他们开始探索外面的世界,通过与人交往建立自己的价值观。

高中时期的学生在择友标准上,由受功利恩惠和情感影响转变为开始有意识地强调思想认识和追求目标的一致性,强调志趣相投,要求彼此坦诚相待,会以个性、脾气、兴趣、爱好作为相互接近的条件,然后开始与人交往。在此交往过程中,会遇到与自己认知相同的同学,也会遇到认知不同的同学,当价值观念相同的时候,就会发展出很深的友情,当遇到与自己不同价值观念的同学时,有的学生会感觉不舒服,甚至生气、愤怒,有的还会有攻击言语或行为,激化人际关系的矛盾,有些矛盾会很激烈,且影响长远,就导致了不和谐的人际关系问题。这样一来,人际矛盾产生的消极情绪就被压抑。但是,这个阶段的学生又有人际关系的需求,那需求和压抑就形成了一对矛盾,最后以其他形式表现出来,比如上课走神、烦躁、学习效率低等,思维重心偏移,导致最后成绩下降,高考结果不理想,未来不可期。

案例二

高一下学期分班之后，进入文科重点班的学生党琪，是一个学习成绩斐然、长相一般的女孩，平日里却极其爱美，每天都要比同她一起住宿的其他五位同学早起半小时来收拾打扮自己。刚分宿住在一起的时候，大家还互相不熟悉，都在慢慢地适应彼此，没有产生什么矛盾。可是，随着学业的加重，学习压力的倍增，大家都想早上多睡一会儿，补足睡眠，迎接新的一天。就在大家仍然熟睡的时候，哐啷哐啷……一阵杂音打破了寂静的清晨。

学校早上正常的起床铃声是 5 点 40 分，但是党琪的起床时间却是 5 点 10 分。她每次用自己心爱的小夜灯，去宿舍卫生间，然后伴随着"呼隆隆"的水声出卫生间，此时有舍友已经苏醒，不耐烦地翻身继续装睡。接着就是她洗脸时发出的"哗啦哗啦"声，这时已经有舍友起身提醒小琪，注意控制声音，安静一些。稍有些安静了，小琪又开始捣鼓自己的化妆包，化妆品小瓶互相之间又发出碰撞声，这时舍友们难以忍受，发出抱怨声。小琪此时也故意任性起来，以自己要戴美瞳为由，打开了宿舍灯，这时候宿舍一下子亮了起来。还在睡觉的舍友们受不了了，开始和小琪争吵，甚至还没等学校的起床号响起，就已经吵醒了整个楼层的同学。

小琪爱美一事就这样传遍了整个学校。班主任找她聊天，做思想工作：爱美之心人皆有之，可以理解，但一定是在不影响其他同学休息的前提下，日常能和舍友和睦相处，并让她认识到现在首要任务是学习，而不是化妆打扮。

班主任本以为通过这次谈话，小琪能和舍友关系有所缓和，可是几天观察下来，她似乎已经被舍友孤立了起来。在教室里，课间有同学找她问难题，她都以忙为由推掉，自己一个人坐在座位上，照照小镜子，拨弄拨弄自己的短发，内心仍是那样爱美，还时常被班级的几位男生打闹取笑。久而久之，班级同学们就开始疏远她，不和她一起探讨题目，小组讨论也不带她参与，课外活动的时候，也是没有同学愿意陪她，小琪只能孤单地一个人站在被人遗忘的角落里。甚至有一次在班主任的课堂上，因为跟不上老师的解题思路，自己就拿出小镜子开始捣鼓自己的头发和眼镜，下课后被班主任生气地叫到办公室进行了教育。可是小琪屡次犯同样的错误，她渐渐感觉到任课老师和班主任开始冷落她，加上学业的繁重和知识点越来越难，她每天心情也变得低落，神情也开始恍惚，思想也越来越不集中，学习效率下降，月考成绩一次比一次低。

成绩不断下滑的小琪，觉得自己融不进这个班集体，一进教室，就觉得周围的同学在用异样的眼光藐视自己，顿时心里感觉自己极其弱小、自卑，甚至她觉得班主任也开始讨厌她，对她没有之前那样照顾，她开始胡思乱想起来，脸上也失去了往日那般美美的自信，越来越没有了学习兴趣，早已经忘记了在学校学生最重要的任务是学习。

班主任见小琪这样的状态，及时与小琪家长取得联系，希望家长把小琪带回家调整一下状态，有必要的时候找心理医生调节一下这种自卑心理。明智的家长也听从了老师的建议。

一个月之后，一个脸上充满自信笑容、不孤傲的党琪回学校了。她还主动找班主任道了歉，对自己之前在学校的表现进行了反思，并且主动提出要当着全班同学的面，向五位舍友致歉，并承诺日后和同学们友好相处，不打扰舍友休息，最后还提出让全班同学监督和指正。班主任的思想工作也及时跟上，并在老师们的帮助和积极的协调下，党琪开始重新融入这个班集体，她努力学习，在同学们的辅导和帮助下，她慢慢补起遗漏的知识点。

经过一个多月的奋斗，小琪的学习成绩上升了，人也越来越自信，在班集体又找到了自己的存在感。

高中时期的女孩子爱美是正常的，但因此打扰舍友正常作息时间，伤了同学之间的感情确实不应该。在学校，学生的首要任务是学习，是德、智、体、美、劳全面发展。高中同学就是为了共同的高考目标，陪伴你一起成长、一起努力的"战友"。一旦同学关系不和谐，学生就会转移思维重心，心情低沉，失去学习的兴趣，从而影响学习成绩，最终偏离考学这条正确的轨道。党琪还好没有偏离太远，在父母和老师的帮助下，与同学搞好了关系，重新找到了自信，学习也有了很大的进步，相信她最后一定会考上她理想中的大学。

案例三

小宇以很好的中考成绩进入高一重点班，可是到高一下学期文理分班的时候，他却因学期整体成绩下降被分到了理科普通班。而他成绩下滑的原因正是他性格独特，脾气急，与班级同学相处困难，遇到学习上的困难，就自己和自己生闷气，甚至会在教室甩自己的书本。这样时间久了，积压的坏心情就扰乱了他正常的思维,加上高中的学习节奏加快,他就慢慢感觉听课越来越跟不上,作业也越来越难。

他是一个个头儿不高的男生,走路总是快步前行,每天都很急促的样子。但只要见到老师就立马停住脚步立正、弯腰、低头问好,有时候会稍抬头羞涩地偷偷看看老师,然后等老师从他身边走过之后,他又迈着急促的步伐赶到教室。

进入普通班后,小宇引起了新班主任的注意,班主任开始悄悄观察小宇,发现课堂上小组讨论的时候,小宇总是不顾组员们的见解,自己一个人固执地认为自己的答案是正确的。渐渐地,组员们也不带他一起讨论。在课间,小宇也是一个人坐在座位上认真地写作业,不与同学们聊天交流。班主任见此现象,先是找了班级同学了解情况,同学大都反映与小宇性格不合。如果有和他意见不统一的时候,他就特生气的样子,有点吓人,同学们也就疏远他了。之后,班主任找小宇做思想工作,鼓励他多听听同学们的观点,取长补短。同时也嘱咐任课老师多关注小宇,尽快让他融入这个班集体。

有一天,因为小宇的英语作文中一个形容"美"的单词拼错了,英语老师就借此机会给小宇安排了一个任务,那就是只要见到英语老师,就要用一个形容"美"的英语单词。当然,这个任务不仅让小宇学会了记英语单词,还鼓励他不要羞涩,要多与别人交流,并学会大胆地夸同学、夸老师。

在各位老师的帮助下,小宇的性格逐渐发生了变化。课间的时候,他愿意走出教室找任课老师问学科相关的难题。刚开始,老师们都夸赞他:"小宇真棒,课间休息时间也勤于思考。"听完老师讲解后,他每次都是笑嘻嘻地说"谢谢",有礼貌地和老师说"再见"后,再离开办公室。

有一次他拿着往年高考题来找班主任兼化学老师求解。班主任觉得,他现在还是高一学生,应该先把基础学扎实,一步一步前进,而不是一下子就先做高考真题去挑战,这样反而想不明白,还容易打击自己学习的自信心。当然,班主任对小宇这种积极找老师探讨题的行为首先进行了鼓励,接着告诉小宇正确学习方法的重要性,并鼓励小宇遇到不会的难题首先找同学讨论,因为同龄人的思维接近,解题方法和思路更容易学习,同时也鼓励他在课堂上积极参与小组讨论,多听听同学们不同的解题方法,与同学互相学习,取得更大进步。

班主任和小宇交流之后的第二天，办公室确实没有见到小宇的影子。之后，第三天、第四天……都没有见小宇再主动进办公室问问题解惑。有一天课间的时候，班主任走进教室打算找小宇聊一聊，但让老师惊讶的是，小宇的座位周边围满了同学，他们在热烈地讨论着一道数学题，并且看到小宇在认真地讲解着他的解题方法，脸上不再呈现往日那般焦虑和着急，而是多了几分耐心和淡定。班主任欣慰地笑了笑，没敢打破这种认真学习的气氛，悄悄地离开了教室。当天下午的班会课上，班主任就当着全班同学的面，表扬了小宇等几位同学利用课间认真互相学习，并鼓励全班同学多向小宇等几位优秀同学学习。在班主任的夸奖和鼓励下，小宇的学习劲头更足了，与同学的关系也慢慢缓和了，他也更愿意和同学们互相探讨，所以小宇的进步真的是突飞猛进，从高一下学期到高二整个学年的每次月考、学期测评中，他的年级名次基本位于前五十名。

但是在高二升高三的时候，年级又重新按成绩进行了分班，小宇又回到了他原来那个重点班。

虽说这个班级的同学都认识小宇，但给他们留下印象的小宇，还是那个性格独特、脾气暴躁、不容易与人相处的小宇。新班主任对小宇的性格也不熟悉，加上高三学业繁重，教学紧张，对小宇的关注度没有原来普通班班主任那样高。所以一开始，小宇又爱往办公室跑了，每个课间都要问原来带过他课程的老师难题。

原班主任见到这样熟悉的场景，也开始担心小宇，有时间就找小宇聊天，做思想工作，在谈话中了解到小宇的近况和心理。他说，自己感觉又没有朋友了，舍友们也不喜欢他，并且发现新班级的同学还和刚上高一那会儿那般排斥他，不愿意和他相处，甚至不愿意和他一起讨论问题，自己已经很努力地试着融入这个班集体，与同学们和睦相处，可是同学们并没有从内心接纳他，所以他没有心思听课，没有心思写作业。可是高三的教学进度又快，自己越来越跟不上，好多同学都听懂了，自己一点不懂，自己的急脾气就又控制不住了，常常生闷气、发脾气。他现在感到又自卑又自责，觉得自己怎么那么不招同学喜欢、待见啊，觉得他们之间怎么能那么好、唯独那么排斥他。原班主任说："你身上有好多优点，你热爱班集体，做事认真负责。所以你要先学会控制自己的急脾气，凡事慢慢来，同学们不主动找你讨论，你可以多试着主动去找同学讨论,不会的题可以主动去问同学,先让同学们看到那个和原来不一样的小宇。当然你的学习基础也不差,课堂上还是要认真听讲,课下作业也要认真完成,毕竟是一名高三学生了,同学们都把重心放在了学习上,有些地方没注意到你,你也不要太放在心上,大家还是喜欢你的,我了解的。所以你也要把心思放在学习上,遇到不会的题就主动与同学交流。"

经过这次沟通后,小宇似乎平静了很多,看起来平时没有什么异常,可是他还是经常一个人回宿舍、去食堂、到教室,仍然没有一个同学、舍友愿意和他做伴。

几个月后,小宇请假回家了,说是自己在这个班级太压抑了,没有可交心的朋友,每天在学校除了学习还是学习,他受不了了,上课总是走神,心情烦躁,不愿意再继续学习了。

小宇的家长带他去看了心理医生。医生说,小宇已经患有轻度抑郁症了,还有焦虑症的一些症状,需要在家静养,调整心态,暂且不要去学校读书了。

在这个高中校园里,在这个紧张的高三教室里,再也没有见到小宇的身影……

其实,小宇是一个极度缺爱的孩子,他课间找老师问问题,也不是真的想弄懂这个题的答案,实际是想引起每位老师对他的关注,想让每位老师喜欢他。所以他其实是喜欢和同学们交朋友的,只是他自己从小到大的性格、急脾气,容易让同学疏远他,不敢靠近他。只要他能学会控制自己的情绪,主动和同学交流,时间久了,他是可以有知心小伙伴的。这样也不会使得人际矛盾产生的消极情绪被压抑,结局也就不会是这样。所以说,同学间的和谐关系在生活和学习中是极其重要的。

三、一种特殊的不和谐同学关系——校园暴力

校园暴力和校园欺凌差不多,是指同学间一方(个体或群体)单次或多次蓄意或恶意通过肢体、语言及网络等手段实施欺负、侮辱,造成另一方(个体或群体)身体伤害、财产损失或精神损害等的事件,校园暴力多发生在中小学。

校园暴力分为单人实施的暴力、少数人实施的暴力和多人实施的暴力。

近些年来，在应试教育的冲击下，许多学校只重视知识教育，而轻视了法制与法规教育，忽视了对他人尊重等的心理教育之类等的非硬性教育。由于我国实行的是九年义务教育制度，如果不及时教育和制止这种现象，受害者会长期受到伤害。校园暴力行为有时不仅仅表现为殴打等外在侵害行为，还表现为对受害者的精神强制，如恐吓、侮辱等语言暴力行为。在此欺凌的过程中，受害者容易产生自卑、胆怯等心理问题，从而影响受害者心理和身体健康，甚至影响人格发展。有研究机构调查显示，校园暴力事件的产生，往往只是因为"他们和别人有一点不同"，无论是学生性格上的内向，还是动作习惯上的"异常"，或者仅仅是因为"太普通"，都有可能成为受害者。

对于心智尚未成熟的高中生来说，他们不懂得如何有效保护自己，往往在学校受到的伤害只能隐藏在心里，害怕示弱，害怕寻求家长和老师的保护会引来更大的灾难，日积月累就会造成越发隐秘的心理创伤。此外，据统计，往往经历过校园暴力的孩子，几乎没有一个人成绩可以保持稳定，他们成绩下滑得非常厉害；而且那些之前成绩较好的学生在经历校园暴力之后就会变得颓废，精神恍惚，思维重心完全不在学习上，最终导致成绩一落千丈，同时他们对于未来生活也慢慢失去了信心。因为校园暴力在他们的心中呈现了一道很深的阴影，是一辈子都无法抹去的。

去年，郭敬明导演的一部校园题材电影《悲伤逆流成河》走进我们的视野。

女主角易遥是一名高二学生，家里条件不好，在一个单亲家庭和妈妈相依为命。妈妈在小弄堂里做着"黑按摩"生意，易遥也一直被街坊邻居冷眼相看。在学校里，她是同学们眼中的异类，一直穿着旧校服，但她仍然每天坚持去学校，认真学习。易遥的校园生活原本很平静，直到有一天易遥发现自己不小心染上了性病，在她的认知里，性病本身就已经很可怕了。没有母亲的支持，没有经济来源，她只能偷偷拿钱去黑诊所。可想而知，易遥的心理压力有多大。她小心翼翼地去看病，小心翼翼地保护着自己脆弱的自尊心，可还是被转校生唐小米看见了，随后学校传出易遥"私生活不检点"的流言。

全校学生群起而攻之，她的同学一边像遇到瘟疫一样躲避着她，一边又欺负她：在她头发上黏口香糖，用打火机烧她头发，在她背后泼红墨水，在她还没吃的饭里倒垃圾……易遥的生活开始陷入黑暗，忍气吞声地遭受着各类残酷欺凌。

后来的一场意外坠楼案中,易遥失去了自己唯一的高中朋友,同时在谣言中她变成了"杀人凶手"。易遥作为一个高中生,承受着生理和心理双重压力,最后彻底崩溃。

这就是易遥的高中生活,在她最美的青春年华里却被最丑的言语伤害和侮辱着。这种校园语言暴力看似无形,不会把伤痕留在身上,却让未成年人的心不停地滴血。它就像一把锋利的剑,不动声色地就会置人于死地。

这部电影虽然开了个好头,让家长和学校开始关注校园暴力和校园欺凌问题,但从电影本身来讲,还可以在艺术性(情感的细腻度)和真实性上取得更大的进步,因为现实生活中,暴力方式、暴力程度远超过电影,电影终究是带有视觉美化成分的。在现实生活中,大多数经历过校园暴力的受害者在受害时是不会反抗的,他们所受到的凌辱也远超过我们的想象。

去年有一则新闻就让人觉得毛骨悚然。陕西省米脂县第三中学学生放学途中遭犯罪嫌疑人赵某袭击,造成十人受伤、九人死亡。

你一定很好奇是什么样的人才会对中学生下此毒手?其实,犯罪嫌疑人赵某也曾是一名校园暴力受害者,在第三中学读书时,因长期受到校园欺凌,最终患上精神障碍,才引起了这次悲剧。十多年前的校园欺凌至今仍然对赵某有着难以消除的心理阴影,甚至将他扭曲成如此变态的"杀人魔"。可见这些曾经被我们忽视的学生之间的欺凌是多么可怕。

每看到关于校园欺凌的新闻,就好像跟着当事人溺水窒息了一次。言语的嘲讽,行动的欺辱,漠然的袖手旁观,以及不信任的眼神,真的能将人逼入绝境。当所有的人都站在你的对立面时,其实再坚定的人都会质疑自己到底是不是真的哪里错了,自我认知从此崩塌,哪怕花上数倍的时间也难以再次建立。经历校园欺凌后的人,不仅磨灭了对周围环境的信任感,最后即便换了环境,他依然会在极度的不安之中。所以,我们要坚决抵制校园暴力,保障每一个同学能健康成长。

校园是培养国家栋梁之材的地方,作为重要的教育阵地,构建和谐校园才有利于所有的学生更好地成长成才。如果每一所高中学校对大量出现的学困生不加以正确引导,不及时给予关心和帮助,那么他们对同学、老师、学校的感情将会变得更加冷漠,甚至形成怨恨的心理,这必然会给高中校园带来不和谐,他们的高考成绩也必然不可观。同时,同学关系是一种人际关系,班级、学校就是一个小型社会,在这个小型社会中学会处理好同学关系,也是极其重要的。只有这样,学生将来走上社会才能处理好各种更复杂的人际关系,从而适应社会、影响社会。

另外,学困生的人数虽不多,但负面影响极大,会阻碍当前中学加强学风校风建设,如果不及时教育转化,也将会对其本人、班级和学校造成不可预料的后果。所以,我们要高度重视学困生问题,积极主动地为学困生创造一个轻松、温馨、向上的和谐校园氛围,使学困生的思维重心始终放在学习上,早日转化为学习正常生,这才是落实以人为本、构建和谐校园的目标所在。

第六章

家庭教育理念

一、家庭教育的重要性

苏联教育家克鲁普斯卡娅曾说过："家庭是一个人成长的摇篮。父母是儿童最好的教师，他们给予孩子的教育比所有学校教育加起来还要多。"的确，家庭是孩子学习的第一课堂，父母是孩子的"第一任老师"，即启蒙之师。父母及家庭中的其他成年人对未成年孩子进行教育的过程就称为"家庭教育"。这是大教育的组成部分之一，也是学校教育与社会教育的基础，更是孩子的终身教育。

孩子出生后，从小到大，几乎三分之二的时间生活在家庭之中，朝朝暮暮，都在接受着家庭的教育。婴幼儿时期的家庭教育是"早期性"的教育，"染于苍则苍，染于黄则黄"，这是人的身心发展的重要教育时期，人的许多基本能力是这个年龄阶段形成的，如语言表达、基本动作及某些生活习惯等，性格也在逐步形成。孩子上了小学、中学后，家庭教育既是学校教育的基础，又是学校教育的补充和延伸。这种教育是在有计划和无计划、有意和无意、自觉和不自觉之中进行的。不管是在什么时间，家长都在以其自身的言行随时随地地影响着子女，其潜移默化的作用相当大。家庭教育对孩子的日常习惯、道德品行、谈吐举止等都在不停地给予影响和示范，伴随着人的一生，可以说是"活到老学到老"。所以有些教育家又把家长称为"终身教师"。家庭教育是对人的一生影响最深的一种教育，它直接或者间接地影响着一个人最终人生目标的实现。

随着家庭教育的普及，很多学生家长也认识到了家庭教育的重要性。面对学生的不良表现，不少家长都希望从书本上，甚至从有关家庭教育机构的专业人士那里寻求教育孩子的有效方法。事实上，很多家长把自己从别人那里学习到的方法用到自己孩子身上效果并不理想；也有一种情况是，当孩子真正遇到问题时，家长却不知道如何使用自己从别人那里学习到的方法。为什么会出现这样奇怪的问题呢？在我看来，不是方法有问题，而是使用方法的人有问题。每个孩子的情况都不一样，每个家庭的孩子和父母的相处方式也不一样，家长所学的方法也不可能解决孩子的所有问题。所以，这问题还是出在家庭的教育理念上,家庭的教育理念决定着家长的行为,当家庭的教育理念有问题的时候,家长的教育方法就非常容易出现问题。因此,也就达不到教育孩子的预期效果。如果没有好的家庭教育理念,家长从书本或他人那里学的教育方法再多,最后也使用不好。因此,方法一定要活学活用,如果你生搬硬套,往往不会起作用,甚至可能会起反作用。

二、何为家庭教育理念

何为理念呢? 字典上给的解释是,理念就是我们对某种事物的观点、看法和信念。应用到家庭教育上,理念是教育好孩子的基础,理念就相当于盖房子时的地基,如果没有打好地基,房子再高,最终也容易倒塌。所以,在我看来,理念可以理解为三点:家长的人生观、价值观是什么? 家长是如何理解教育的? 家长想把孩子培养成什么样的人? 家长不妨认真好好想想这三个疑问句。

也许看到这里,有些家长可能会觉得有些小题大做、东拉西扯了。自己的人生观、价值观和孩子的教育有多大关系呢? 实际上,家长的价值观对孩子的教育有着巨大的影响。因为一个人的价值观会直接影响到他身边人做事的态度,一个有着错误价值观的人,认真做事的积极性就会大打折扣,逐渐丧失做事的动力,看不清努力的方向。而家长又是孩子的终身教师,家长的价值观就会直接影响孩子的人生观和价值观。

家庭教育理念就是家长或其长辈教育孩子的指导思想。如果指导思想有问题,那么家长在家庭教育的错误道路上就会越走越远,学到再好的方法也不会有效果。就像一个人要到一个地方去,如果方向错了,那么这个人只会离目的地越来越远。而事实上,已经存在一些孩子在学校找不到努力学习的目标,甚至是丧失了学习动力的现象。究其原因,主要还是源于家长的家庭教育理念的滞后。正确的家庭教育理念应该是符合孩子身心发展规律的,且有利于孩子身心健康发展的。

三、不恰当的家庭教育理念对高中生学习的影响

（一）盲目赞美让孩子变得自以为是

德国学者卡尔·威特说过："在教育孩子时，表扬不可过多过高，不能让孩子情绪过热，过多的赞美会让孩子产生错觉，要么认为自己比任何人都有出息，要么就逐渐形成压力，为了夸奖而去做。"确实，我们不能让孩子每天成长在责备的环境中，但是也不能让孩子整天徜徉在赞美的海洋中。现在大多数孩子都是独生子女，在家里集万千宠爱于一身，有些家长都已经习惯把自己子女高高捧到头顶，觉得自家孩子与其他孩子相比就是最好的、最棒的。只要孩子做了一点点小事情，这些家长就会赞美自家孩子"你真棒""你好聪明啊""你是最厉害的"等。我认为，这样的盲目赞美是极容易让孩子产生骄傲心理，认为自己真的很了不起，甚至赞美的话听习惯之后，就很难接受别人的批评了。这样一来，孩子在什么场合都会容易以自我为中心，自以为是，并且不懂得赞美和欣赏其他同学，在学校就会遭同学嫌弃，让人避而远之，从而造成不和谐的同学关系。

所以，家长不要通过盲目赞美来表达自己对孩子的爱，这在一定程度上可能会造成孩子过度依赖外在的评价，从而没有真正投入事物本身。久而久之，还会弱化孩子的社会责任感和学习的上进心，同时缺乏做事的动力。因此，对孩子的赞美要适可而止，家长在夸奖孩子时一定要实事求是，不要夸大其词，并在表扬孩子时应该指出他不足之处，或者用欣赏、交谈、聆听等方式代替过多的赞美。

案例一

聂童是一个喜爱画画的女孩，个子高高的，虽说是按学校要求剪了短发，但仍喜欢在脑袋上扎个小短辫，带个卡通小发卡，显得格外可爱调皮。

她以优异的中考成绩进入了这所寄宿高中。一对年龄在六十岁以上的夫妇和一个中年妇女陪着她来报到，班主任起初以为那对夫妇是聂童的爷爷、奶奶，最后才得知，那是她的爸爸、妈妈，而中年妇女则是聂童的姐姐。聂童的这

个姐姐,比她大二十岁。可以说,妈妈生她的时候已是高龄产妇,冒着生命危险的,所以顺利生下她后,父母对她疼爱有加,姐姐也更是宠爱她。

开学后不久,学校举办一场年级班报设计比赛。在那次比赛中,高一年级重点班5班荣获第一名,获奖的班级是从小热爱绘画的聂童为主创设计的。从那之后,整个年级的老师和同学们都认识了这位小仙女,她的绘画更是受到老师和同学的一致好评,她高兴极了。她每天脸上都充满了喜悦和自信的表情,上课积极回答老师的提问,课下也是按时完成老师布置的作业。

过了一个月,按学校要求,每个班级要结合自己班的特点设计一款班级旗帜。得知这个消息后,聂童更是积极参与,信心满满。在一次周测考试中,甚至被监考老师抓到她不认真答题,而是在座位上画画。班主任知晓后,严厉批评她,并教育她,热爱画画可以理解,但得把学习放在第一位。

经班主任批评之后,聂童的心情就很低落,她很少被人批评,尤其是因为画画而遭到批评,她真的很难过,一时半会儿走不出这片阴霾。舍友见她心情不好,也纷纷过来开导她,还想帮她一起设计班旗,结果都被她拒绝了。她认为自己从小画画这么优秀,不需要同学帮忙,也能为班级设计出最棒的旗帜。但这次班旗设计,班主任说,人人都可以发挥自己对班集体的理解,到时候每个设计者对自己的旗帜背后的意思讲解之后,经同学们共同投票,获胜者的设计就是班级的旗帜。

评比的时间到了,聂童的班旗设计颜色搭配很好,外观看着很美,但是旗帜背后的含义表达得不够有"味道",主要是没有体现出班集体的团结、班级凝聚力。而班级的凝聚力正是一个班级的灵魂,班主任也正是想通过这次比赛选出具有这样灵魂的班旗。不出所料,在同学们的共同投票下,聂童的设计失败了,失败在她的设计缺失了"灵魂",而只有一身美丽的"嫁衣"。

从那之后,聂童的情绪极其低落,上课也不在状态,每天无精打采,没有一点学习的兴趣,成绩也迅速下降。班主任见此状态,开导她,给她做思想工作,劝她不要因为一次小小的失败就放弃,同时称赞她的设计也是不错的,希望她继续努力,期待她下一次的大作。结果聂童反问道:"我的设计还不错,那为什么不用我设计的班旗,还要用那么难看的设计做班旗?"说完,哭着跑出了办公室。

班主任看她这般任性,想让她先冷静冷静,也没有马上追到班里再安慰她。结果当天晚自习上课，同学们在班里没见到聂童的身影。班主任知道后，十分着急，心想是不是下午找她谈话后，她跑出去没有回班里。结果同学们说，下午聂童哭着跑回教室，就一直在自己的课桌上趴着，晚上在食堂吃饭的时候聂童才不见的。然后，班主任组织了班委到校园的各个角落去找聂童，他也去学校门卫室调监控，发现她在吃饭那个时间回了宿舍。

班主任对聂童这个不打招呼"闹失踪"事件特别生气，所以直接去宿舍找她并教育她，结果她放声大哭，不愿意听班主任的话回教室写作业，把头还蒙在被窝里。班主任只能无奈地拨通聂童家长的电话。

家长来学校后，班主任和聂童家长进行了交流，才知道聂童从小到大，只愿意听好话，不愿意听任何批评，每次经受批评之后，就是这样闹脾气。聂童家长也很自责，怪自己从小太宠爱她，动不动就老夸赞她，还说聂童初中班主任就发现了聂童这个脆弱的性格，也和他们交流过了，他们也试着慢慢改掉这个随意夸赞的坏习惯。同时希望班主任给孩子一些时间，适当进行一些挫折教育。

班主任了解之后，对聂童也是多了些关注、耐心和鼓励，在家长的配合下，聂童的成长还是很快的，渐渐地明白了许多。现在的聂童，依然那样热爱绘画，且明白了"山外有山，天外有天"。

有一天她告诉班主任，自己的目标就是争取考入中国美术学院。还自信地说，到时候要给班主任免费画一幅帅帅的肖像画送给他。

现在有不少像聂童一样的孩子，他们在不自觉中养成了"一骂就哭、一夸就笑"的性格，平时被夸奖的时候特别兴奋，一被骂就好像天塌下来似的，觉得自己犯了什么大错，然后在这样消极的情绪中无法自拔。他们容易在盲目的赞美中自以为是，受到批评后甚至出现沮丧、愤激、退避或敌对的行为。

实际上，这样的孩子容易产生"蛋壳心理"，指的就是一触即破的脆弱心理。孩子不能承受心理打击，在遇到困难的时候不懂如何接受和克服，导致他们只能听赞美之词，听不得半点反对意见。他们内心脆弱、敏感多疑，只能接受成功，不能面对失败，遇到一些不顺心的事情，就会有极端的举动，甚至轻生……

所以总结来说，父母在教育孩子的时候，不能盲目赞美，也不能过分批评，多鼓励孩子,这样才能培养出坚强的孩子,就不会"一骂就哭、一夸就笑"。同时要重视心理教育,让孩子成长的同时增强心理抗压能力,这样孩子会慢慢发现"人外有人、山外有山",自己还有很大的提升空间,看清方向,坚持努力向前。

(二)物质生活富裕,导致孩子贪图安逸、目光短浅

曾有教育工作者说,丰厚的物质生活和给孩子大量的钱,是葬送孩子的第一"杀手"。确实,孩子只要拥有大量的钱财,就会好逸恶劳,与同学产生攀比之心,就容易犯错,甚至做违法乱纪之事。现如今,随着中国经济的快速发展,每一个家庭的生活条件也越来越好,腰包鼓起来的家长愿意将大把钱用在培养子女成长上,给孩子创造良好的学习条件、生活环境,这本无可厚非,但我建议绝不能投入太多金钱在孩子自身的物质享受上。

俗话说"穷人的孩子早当家",为什么会是这样呢?因为作为穷人家孩子的家庭教育使他们对于家庭责任的理解远超过富人家的孩子,这就促进了穷人家的孩子思想迅速成熟;而且,优越的生活条件和学习环境常常使学生变得"无能",好逸恶劳。久而久之,学生不愿意在学校安心认真地学习,更不愿忍受学习的枯燥,渐渐失去了努力学习的目标和动力。所以,为了让孩子珍惜当下,不贪图安逸,也为了让孩子在学习的道路上积极奋进,更是为了让孩子不因饱暖而变"坏",家长们还是选择让孩子过点"穷日子"吧!

案例二

郭飞是一个身材偏胖且皮肤黝黑的男生,他在学校引人注目的不是"胖"与"黝黑",而是穿衣"潮"。他的中考成绩还可以,之后来到一所寄宿高中,这所学校是个私立学校,每年学费不低,在众多北方城市中已然是高学费学校了。虽说学费高,但有高的道理,这所学校是实行小班教学,双班主任制;同时管理严格,教师教学突出,每年都培养出高考区状元,教学成绩在当地也是极其有名的。所以每年中考之后,家长们纷纷要把孩子送进这所私立高中。

郭飞的父母都是做生意的,平时很忙。所以郭飞从小学五年级就开始上寄宿学校,他是一个又聪明又特别独立、有主见的小伙子。为什么刚说他穿衣"潮"呢?因为每次放假和开学的时候,他总是穿得很酷,完全不像一个学生的打扮。上衣是小碎花的,裤子是潮流喇叭裤,鞋都是大几千的名牌鞋,然后再

配一个耐克运动品牌的帽子。从身边走过去,总是惹人多看他几眼,不禁让人感叹:"这还是这个学校的学生吗?"

学校要求每一名学生进入校门必须穿校服。每次受班主任批评教育之后,他还是如此,说自己所有的衣服都是这样"潮",校服又穿了一个月,脏得不能再穿了,已拿回家去洗,所以只能穿着自己的衣服进出学校大门。

学校还规定学生不准私藏手机,进校之后要把手机主动交给班主任,放假的时候再去领回手机。有一次开学,郭飞主动给班主任上交了一只华为手机,然后每天到班"认真"上课,实则眯眼装睡,课间更是趴在桌上睡觉,不与同学们聊天。作业也不按时上交,每位任课老师喊他进办公室,找他谈话,询问原因,他总是说没时间。老师们反映郭飞的近况后,班主任又找郭飞做思想工作。之后他各科作业倒是按时上交了,可是每次周测的成绩都不好;而且,郭飞听课状态更是不佳,每天精神恍惚,还总迟到。一天课间的时候,班主任路过班级,看见郭飞正在给班级学习不错的同学塞钱,不是给一个同学,而是好几个同学。班主任见此状况,便找这几个平时表现不错的学生来办公室询问情况。结果他们说,这钱是郭飞雇他们写作业的辛苦费,外加回宿舍可以拿小飞手机打五分钟游戏。

班主任明白,这才是郭飞成绩一直不能提升的原因,立马打电话给郭飞家长,让家长来学校。结果,家长总是说生意忙,抽不出时间,麻烦老师费心,不管多少钱,都愿意出。班主任生气地说:"这不是钱不钱的事,和钱没有关系,现在重要的是教育,花钱能买得了好的教育吗?"班主任只好先把郭飞叫到办公室教育,先让他上交另一个私藏的手机。他先是不承认,经过班主任训斥,并摆出证据的时候,他才交出私藏的最新推出的苹果手机。了解到,他每天晚上玩游戏到凌晨,每天中午也不午休,看直播、看吃播……还说,花钱雇同学写作业也是被各科老师和班主任逼得不得已的举措。

班主任听后生气得不行,怎么跟他讲道理,他都不愿意听。他倒是愿意和班主任说实话,说自己不想上学了,上学那么累,也没啥用,将来也不会饿着的,迟早有爸妈养着,且他还有很多零花钱,想干什么干什么。班主任对他说:"人活着得有意义,父母迟早有离开我们的那一天,总不能一直啃老吧,要做一个对社会有贡献的人。"结果他回答道,家里是家族生意,他可以继承家族生意,当然自己也不喜欢做生意,到时候可以花钱雇人帮着打理生意,他可以玩直播。然后就开始给班主任讲起了自己热爱的直播，他觉得这就是他未来要做的有意义的事。

初中的知识相对还算简单，知识少，时间充裕，郭飞可能还可以应对一下。但是高中的学习不同于初中，学好高中知识，必须付出努力和更多的思考理解，高中考察的是学生对知识的理解应用能力。没有对知识的基本掌握和理解的小飞，更谈不上对知识的应用。没有几个月，郭飞就听不懂课上老师讲的知识了。

郭飞在校私玩手机，还花钱雇人写作业，影响极坏，已经违反了校规校纪，后来又多次违纪、考试作弊，经校领导研究决定，最终开除了郭飞。郭飞的父母也很后悔，没能及时教育孩子，可是结果已定，无法改变。

从那以后，在学校再也没有看见那个"潮"的男孩了，也没有了有关他的任何消息。

现如今，很大一部分家长认为，只要为孩子提供优质的硬件教育条件，孩子就能得到最好的教育，这种错误理念就必然导致错误的教育行为。郭飞的家长就是如此，只知道做生意挣钱，愿意给孩子花钱，却不记得多关心一下孩子的成长和心理问题。所以，父母再富也要穷养孩子，不要用金钱、物质包围孩子，而是需要多花心思，悉心照顾和陪伴孩子，让孩子在学习的道路上积极奋进，实现目标，最终通过自己的双手过上幸福美满的生活。

（三）家长代做孩子能做的事，导致孩子懒惰，缺乏自立能力

很多家长认为，只要给孩子创造好的学习成长环境，孩子就会成"龙"成"凤"，在物质生活方面尽量满足孩子的愿望，从来不放手让孩子自己做他能做的事。时间一长，导致孩子不会做事，也不愿意做事，变得懒惰，且缺乏自立能力，尤其是一些学习较好的孩子，家长更是不愿意让孩子动手做自己力所能及的小事，他们还会当着孩子面说，"只要你学习好，做父母的，累点、苦点儿没关系"。在我看来，如果父母事事顺从孩子的要求，代替孩子完成自己能完成的事情，孩子理所当然地不愿意动手做任何小事情，这样是极容易让学生变得以自我为中心，任性、迟熟、过于依赖、不懂忍让，也更不懂自己照顾好自己。这等于是父母剥夺了孩子自我表现的机会，且无意中还扼杀了孩子的能力发展。

其实，让孩子做事，就好比红薯生长时农民要不停地翻动它的苗。只有时

常翻动，红薯的茎才不会在土里到处扎根，把养料都供应在苗上，红薯苗吸收的养分才能被埋在土里的果实吸收，才能结出多而大的红薯。让孩子适当做事，做力所能及的事，自己的事自己做，不仅是为了培养孩子的生活能力，更主要的是能培养孩子作为家庭成员应该承担家庭义务的意识。当然，现在学生学业繁重，他们可以选择不多做事，但最起码知道应该做事，在做事中学会创造，这在孩子成长过程中是十分必要且重要的。

案例三：魏永康的故事

湖南华容县的魏永康四岁开始读小学，三年时间完成了小学六年的课程，八岁进入华容一中学习。在华容一中学习的五年中，稚气犹存且相当顽劣的他曾经让教师十分头痛，他没有真正像他的同学一样认真学习过完整的一节课。但魏永康记忆力与理解能力惊人，一本厚厚的英汉字典看一页撕掉一页，图书馆中一本本无人问津的书供他打发着成长的时光。十二岁时参加当年高考就考上本科，他没有去读。十三岁那年，考分超过湖南省重点本科线八十多分，被湖南省湘潭大学物理系录取，他就读的条件是湘潭大学给其父母安排住宿与临时工作来照料他。

魏永康的母亲曾学梅认为，孩子只有专心读书，将来才会有出息。于是，曾学梅将家中所有的家务活都包下来，包括给儿子洗衣服、端饭、洗澡、洗脸。为了让儿子在吃饭的时候不耽误看书，魏永康读高中的时候，曾学梅还亲自给他喂饭。所以读湘潭大学时，曾学梅也一直跟在儿子的身边"陪读"，照顾儿子的饮食起居。

2000年，十七岁的魏永康大学毕业后考入中科院高能物理研究所硕博连读研究生。来到北京读书后，魏永康认为自己已经长大了，便执意不要母亲"陪读"，孤身一人北上求学。身边突然没了母亲的照料，魏永康感到很不适应，竟无法安排自己的学习和生活。有一年冬天，他竟然穿着单衣、穿着拖鞋去天安门逛了一圈，周围的游客像看怪物一样使劲盯着他看。由于长期生活不能自理，并且知识结构不能适应中科院高能物理研究所的研究模式，2003年8月，已经读了三年研究生的魏永康被中科院劝退回家。

从以前的"东方神童"到如今被劝退回家，生活似乎给魏永康开了个非常残酷的玩笑。最伤心的莫过于他的母亲曾学梅。曾学梅苦笑着说："现在我只要走出去,仿佛大家都在嘲笑我。"从中科院退学回家后,魏永康整天待在房间里看书、玩电脑,其间还玩过几次"失踪"。所幸的是,他每次都平安地回家了。

经历挫折以后,魏永康在亲朋好友的帮助下逐渐适应了生活,已经结婚生子,还考上了北京工业大学的研究生。

"神童"魏永康的这个故事可以用"花盆效应"来解释。刚买回的一盆花,花朵鲜艳,枝叶舒展,令人赏心悦目。可过了一段时间,花叶就开始变黄,逐渐枯萎,最后凋零了。原来之前花农为盆花的生长创造了一个良好的环境,湿度、温度适宜,养分充足,花儿的长势当然好。一旦没有花农的精心照料,离开了人工创造的舒适环境,花儿也就难以正常生长了。花盆效应,又称局部生境效应,花盆是一个半人工半自然的小生长环境。首先,它在空间上有很大的局限性;其次,由于人为地创造出非常适宜的环境条件,在一段时间内,作物和花卉可以长得很好,但是只要一离开人的精心照料,就经不起温度的骤然变化,更经不起外界的风吹雨打。

所以说,魏永康在他母亲的溺爱下,只会过"衣来伸手、饭来张口"的日子,一旦离开母亲的悉心照顾,他就生活不能自理,最后才导致"神童"变成普通人。这正是父母溺爱的结果。溺爱孩子,娇生惯养,无异于亲手开掘了温柔的陷阱,会导致灾难性的后果。

案例四

孙琳是一个头脑聪明、走路很有特点的小姑娘,一摇一晃地,听说是小时候不小心摔了一跤导致的。她长了一张娃娃脸,显得年龄很小,而且只要她开口说话,人们都会以为她是一个初一的学生,甚至是小学生。可是她已经十五岁了,是一名高一的学生了。

孙琳父母是听了这所私立学校招生老师的分析后,决定送孩子来这所寄宿学校的,目的只是让孙琳能在上大学之前提前锻炼锻炼,能够学会独立,能够自己照顾自己。可是父母想得太简单,从小没干过任何小事的孙琳进入这所寄宿高中后,自己都不知道怎么生活,更别提学习了。

以优异成绩进入学校的孙琳,第一次周考的成绩十分不理想,听说是和舍友闹矛盾,影响心情导致的。有一天,孙琳宿舍的舍友们集体来找班主任反映,说不愿意和孙琳待一个宿舍了,嫌弃孙琳从不洗脚洗脸,也不换洗衣服。她太邋遢,都有股"味儿"了,舍友们受不了了,每天回到宿舍,被这股味儿熏得头晕,休息不好。班主任首先告诉孩子们,嫌弃同学是不应该的;其次给孩子们讲了孙琳的成长故事,希望小女孩们在一个宿舍多教教她,让她慢慢学会照顾自己,不要放弃和抛弃她。

班主任和孙琳的舍友约定好之后,便找了孙琳,带她回了宿舍,然后手把手教她如何洗袜子、洗脸、洗脚……还给孙琳讲过一个和她类似成长的学姐的故事,并鼓励她,一切都会好起来的,只要自己能照顾好自己,舍友和同学们都会喜欢上自己的。老师还希望下次放假回家,孙琳能主动给父母洗脚,相信父母也会感动的。班主任耐心地描述着那个感动的画面,孙琳也开心地笑着问:"老师,我会洗脚了,我可以自己洗,我也可以给爸爸妈妈洗了,对吗?"老师也笑着回答是的。

果然,在老师和同学们的帮助下,孙琳照顾自己学得很快,同时学习成绩也回升了。她妈妈也激动地说:"送孩子来上这所寄宿学校,是为孩子做的最正确的选择,在家住的话,我们做父母的都不舍得让孩子干活,想照顾得面面俱到。所以特别感谢班主任,感谢同学们……"

我们身边"神童"魏永康不多见,但是类似魏永康的故事却有很多,孙琳就是其一。她进了小学还不会穿衣、脱袜,上了中学还不会洗衣、洗脚,但进入这所寄宿高中后,因个人生活方面不能自己照顾好自己,遭到舍友和同学嫌弃,让她无法融入集体生活。所以说,孩子小时候,父母若是"万事包办",这是育人的大忌。试想,若是孙琳父母在她高中时不放手让孩子提前锻炼的话,等孙琳进入大学,她仍不会洗衣、不会叠被、不会洗脚……结果会怎么样呢?我想,那孙琳的结局也许就和魏永康一样了吧。所以,家长们,你能照顾孩子一辈子吗?就算能,这样的孩子能接受社会的各种挑战吗?能有创造力吗?能顺利在社会中生活吗?还是尽快从孩子儿时抓起,早教早会,让他们尽早独立承担力所能及的事吧,会做家务、做饭、生活自理、独立办事是人之必然啊!

(四)圈养式教育,导致孩子遇事无主见,缺乏自信

有一次,与朋友外出游玩,不经意间,看到公园里那些被绳索捆绑的小树。它们看着那么细小,那么脆弱,越看越觉得可怜。柔弱的枝干虽然经不住风吹

雨打，但在园丁的悉心照料下，长势旺盛，每天都在拔节抽芽。园丁的心意是好的，想让他们长得笔直、高大、挺拔，供游人观赏，可却苦了那些小树，它们在园丁的意念和绳索之间拼命挣扎，力求逃脱。它们渴望旁逸斜出，渴望自由疯长。但倘若任其自由发展，它们肯定弯弯曲曲，庸俗不堪。怎会精致优雅？怎会赏心悦目？怎会得到游客的赞赏？

不禁想到在"圈养式教育"下成长的孩子们，他们正如园中的一棵棵小树，在父母的耐心照料下，按着父母规划的人生路线规矩生长，他们能像这些小树，最终成长得那么有模有样，那么挺，一心向上，直指蓝天吗？我可以肯定地告诉家长：不能。孩子们都是有思想、有灵魂的独立个体，一直让孩子在严格管束的环境中成长，他们会逐渐变得木讷，不懂和别的同学交流，缺乏自信心，遇到困难无法面对，甚至会选择逃避现实。

"圈养式教育"，在字典里面的解析是指用笆篱、栅栏等把小动物围起来饲养。而在家庭教育理念模式上，"圈养"的解读是指父母以爱之名，来约束孩子走一条有秩序、有规矩、科学的教育道路。当然不可否认的是，被圈养的孩子普遍更懂规矩，也能更容易适应社会规则，让干什么就干什么。但是在心智方面的成熟就会稍弱一些，这类孩子一旦身边环境发生了变化，内心就会感到恐惧和焦虑，会感到不适应、会失控。所以，"圈养"不完全利于孩子的成长，最好与"放养"合理结合起来，应当适当增加孩子与同龄人的交往机会，让其从中学会与他人合作、交流和分享，父母不要再设定孩子该走什么样的道路，更不要害怕孩子在路上磕磕碰碰，让孩子学会勇敢面对挫折，寻找自信，找到那条努力向上的通路。

案例五

刘丹是一个学习成绩优异、性格特别乖巧的女生。每天在学校规规矩矩上课，认真按时完成各科作业，没有让老师和父母对她的学习操心半分。

刘丹就这样顺利地完成了高一学年的学业，在高二第一学期开学就面临选文理科的问题。刘丹的舍友们纷纷结合自己未来想发展的方向，做出了选择。而刘丹却迟迟做不出选择，她在犹豫，不知道要选择文科还是理科。班主任找到刘丹来了解情况，她说，看到同学们可以自己做主选择自己喜欢的方向，她十分羡慕，可是她的父母让她选择文科，说都已经替她选择好未来的职业了,想让她以后当律师。因为考虑到刘丹家族有好多亲戚都是律师,以后等刘丹毕业之后当了律师,叔叔和姑姑们可以在事业方面多照顾和提拔她,父母已经给小丹规划好了整个人生发展方向。

班主任问小丹:"你自己的想法呢?想学文科还是理科呢?"小丹委屈地说:"我也不知道想学什么,听父母的吧。"班主任又问:"那你犹豫什么呢?和父母沟通好了吗?"小丹回答:"我和父母说了这个选科的事情,他们没有问我的想法,只是毫不犹豫地让我选文科,以后当律师。可是我似乎不想以后当律师,我想像舍友她们一样干自己喜欢的职业。我们家律师太多了,不想像他们一样生活那么规律,也那么忙,还那么凶。可是,如果我不选文科,我选了理科学不会怎么办?而且,我又不敢违背爸妈的意愿,所以就听父母的吧!老师,我选文科。"班主任听完之后,先让小丹回教室看书写作业了,随后,拨通了小丹父亲的电话,想与小丹父母沟通一下选科这个事情,想让父母结合孩子的兴趣和擅长的学科来选择。可是班主任怎么劝说也不管用,小丹父母依然认为自己给孩子选的这条路是最合适的,能少走好多弯路呢。

所以,小丹就进了文科班,每天背诵历史、默政治、记地理知识,可是这些正好不是小丹平时擅长的科目。其实,生物和化学学科一直是她的优势,在高一的时候,她的生物和化学每次都是班里前五名,所有总成绩也能达到年级前五十名。而现在,她没有了优势学科,年级排名也退步到了百名之后,小丹每天心情低沉,听课状态也不佳,对自己现在学习的科目完全听不进去,对自己的学习也慢慢失去了信心。

班主任见她每天这样的状态,只好找她父母来商量。希望父母抛开提前给孩子设定好的发展路线,试着让孩子自己选择自己喜欢的,哪怕选错了,孩子长大也不会怪父母,最起码做了自己喜欢做的事儿,同时也证明自己为此努力过拼搏过,再不成功也只是自己的问题,自己会认清方向,继续前行的。刘丹的父母看到孩子最近的状态确实不佳,如果再执意要求她学文科,也许都不一定能考上大学,更别提以后当律师了。

父母最后同意让孩子自己选择。在班主任的帮助下,孩子最终从文科转到了理科,成绩也慢慢提高了,心情也变"晴"了。

刘丹是幸运的,在班主任的帮助下,终于自己做出了正确的选择,找到了努力的目标，也重新有了学习的动力。我始终认为，父母在守住道德底线之余，要敢于放手让孩子自己去做，哪怕明知道是错的也让他去做，等孩子撞得头破血流再去告诉他哪里做错了，并且鼓励他再去尝试一次；孩子要勇敢地去做，自己怎么想的就要怎么做，不要遇事畏缩不前，多给自己一点信心，你要记住，你还年轻！这样，孩子才能认清自己努力的方向，认真付出。所以，家长们应该做到，在行为准则上实行"圈养"，在教育思想上适当"放养"，或许这才是对孩子最好的教育方式。

（五）没有家风和家规，随意性管理，导致孩子叛逆

习近平总书记在 2015 年春节团拜会上强调：家庭是社会的基本细胞，是人生的第一所学校。不论时代发生多大变化，不论生活格局发生多大变化，我们都要重视家庭建设，注重家庭、注重家教、注重家风，紧密结合培育和弘扬社会主义核心价值观，发扬光大中华民族传统家庭美德，使千千万万个家庭成为国家发展、民族进步、社会和谐的重要基点。这要作为我们的己任认真探索和践行。

"没有规矩，不成方圆"，这在家庭教育中尤为重要。简单来说，家规就是家庭中的具体行为和做人做事的规范，往往比较具体明确，这样的家规坚持得久了，家庭就会表现出它的特质，这就是家风。所以，家风是一个家庭长时期历史沉淀的结果，是要依靠这个家庭的长辈坚持几十年如一日，甚至几代人的言传身教，潜移默化，持续到现在，或在子孙后代身上一再出现的东西。一个家庭的家风好坏往往要延续几代人，而且这种家风往往与家庭成员从事的职业有关，如"杏林世家""梨园之家""教育世家"等。同时家风又反映了一个家庭的学风，学风的好坏也往往延续几代人、十几代人、几十代人。

孔子作为儒学的创始人，提出"仁爱"理想、"忠恕"理念、"孝悌"家风。孔子家族，秉承孔子理想，修身齐家，延绵二千五百多年，人才辈出。孔子、子思、孔颖达、孔融、孔尚任、孔庆东、孔繁森、孔祥熙、孔泉、孔令辉等，个个名字都熠熠生辉，人人都是杰出人才，都是大众学校的榜样。孔子的学说，已经不仅仅是家族理想，更成为人类社会的理想和信念，数千年来，一代代中华子孙都是秉承孔子言教而成就自己家国情怀的理想。

正所谓，孝悌家风出孝子忠臣，勤俭家风出清官，智学家风出学者，尚武家风出良将，谦逊家风出君子，尊师家风出圣贤，和美家风睦邻里……

参天之树,必有其根;环山之水,必有其源。好的家风不是天生就有的,而是一点一点培育、一天一天积淀而成的。这种培育和积淀的重要形式,就是家规。确定良好的家规是树立家风的基础,是孩子形成良好习惯的基础。立家规、正家风,是传承中华民族数千年的优良传统,是许多成功家庭的治家宝典。

　　中国近代历史上执掌东北多年的北洋奉系军阀首领张作霖有一个大家庭,他有六位夫人、八个儿子、六个女儿,要让这样一个大家庭和睦共处、相安无事,不是一件容易的事。因此,张作霖确立了十条极为严格的家规,他的家族在他的治理下,除了他本人作为大帅将军,在他身后,又走出三位将军——著名爱国将领长子张学良,爱国民主人士、国民党陆军中将、次子张学铭,中国人民解放军少将、原海军参谋长、四子张学思。除此之外,他的子女都为人端正,孝顺上进,没有邪恶之徒。他家的家风还是很受人称道的,这与他的这些家规也不无关系。

　　所以说,家规对于整个家庭甚至家族,都有着非常重要的规范和凝聚作用,家规使整个家族的成员有着共同的行为规范、共同的责任和担当、共同的追求和向往,这样的风气代代相传,好的家风就建立起来了,家族的兴盛也就理所当然。

　　所以,家庭树立良好的家风、家规,会引导孩子走向光明的前途,认清目标,努力向上,无论曲折还是坎坷,方向一定是正确的;而错误的导向则会将孩子引入歧途,甚至是不归路。

案例六

　　郭博是一个聪明、倔强的阳光大男孩,他的业余爱好就是跳街舞,玩 B-Box。高一刚开学不久,每个大课间,高一(三)班门口都会挤满同学,都是慕名来看郭博的才艺表演的。可以说,整个年级一般大的男孩都愿意和他一起玩,一般大的女孩都是他的"小迷妹"。老师们也很喜欢这个阳光大男孩,他在课堂上积极回答问题,并能带动整个班的学习气氛,每次周测郭博的成绩都相当不错。

　　突然有一天,班主任得知郭博晚上课间的时候,带着几个男生在楼道靠窗的一个角落抽烟,被学校监控器拍摄得清清楚楚,证据已留存。学校有规定,学生不能抽烟喝酒,这已经违反了校规校纪。学校领导一致看在郭博平时表现不错的分上，说先给个警告，让他写份检查书，当着高一年级全体同学的面读一读，并保证以后不再违反校规。他这次就这样幸运地避开了违反校规的事儿。

结果没过多久，打扫学校卫生的保洁阿姨反映，高一年级男生厕所有烟头。因为这是一所"无烟学校"，学校也要求男老师不要抽烟，何况老师有教工厕所，也不会随便去学生厕所，所以这烟头肯定是学生扔的。班主任首先想到的就是郭博，上次就是他带头给别的男同学发烟，教他们抽烟，这次也有可能。班主任先是找了经常和郭博一起玩的那几个同学，先侧面打听了一下郭博最近在班级里的状态，然后还找了郭博的舍友，了解他晚上回到宿舍的日常表现。从舍友那里了解到，郭博经过上次检讨之后，并未有所改变，仍然偷着抽烟，有时候半夜还躲在宿舍厕所抽烟，晚上课间也会组织几个同学去厕所抽烟。这可以断定保洁反映的烟头是郭博和几个同学所扔。

班主任把郭博等几个同学叫过来，做思想工作。郭博先是不承认，直到老师在他课桌里找到一盒烟后，他才不反驳，保持沉默。班主任让他们认识到抽烟事件的严重性，轻则影响学校学习氛围，重则影响未成年人的身体，更是再次违反了校规，有可能被开除学籍。因为这是第二次犯同样的错误，所以请了学生家长来学校一起教育孩子。结果，郭博的父亲认为，男孩子偶尔抽根烟、喝点酒都是可原谅的，以后迟早要在社会上闯荡，要学会这些基本的交际爱好。而郭博的母亲却很自责地说："孩子从小就被他爸爸给带坏了，上初中就被老师抓到抽烟，我是严厉批评，他爸爸却包庇、纵容他，认为男孩子可以抽烟。可是我也建议分场合和身份，孩子现在还是学生，就该在学校认真学习，不做违反校规的事。可是我在家基本没什么地位，我让孩子干什么，孩子偏不干什么，总是跟我对着干。家里一般都是父亲说了算，孩子也只听他爸爸的话，我基本管不了这个孩子。"

因为父亲这样的教育态度，完全不配合学校；而且郭博他们屡次教育不改，仍抽烟，给学校造成了严重的恶劣影响，最后校领导研究讨论决定开除郭博等几个同学。

有严厉端明的家规，才能匡正子孙的言行，引导子孙的思想，让子孙明确什么该做什么不该做，什么该奉行什么该抛弃，从而塑造出严正优秀的家风。

郭博家就是缺少这样的优秀家风,父亲这般"无知",母亲又那般不被孩子尊重,这都是从小没有在郭博面前"树家规,正家风"造成的。有了家规,家庭就有了一个清晰的目标,好像一部车子知道了自己要去的目的地;有了家规,家庭中每个角色的界限都会更加清晰,每一个家庭成员都非常确定自己在家里该做什么,不该做什么;有了家规,家庭成员间的关系也会因此更加融洽;有了家规,每一次家庭的问题也都更容易解决,因为有了解决的标准。父母的随意性管理,容易导致孩子与家长逆反、对抗,特别是青春期的青少年。父母应以身作则约束自己,给孩子立榜样;同时确定一些家规,以此监督孩子的一些行为,让孩子养成习惯,努力学习,往更好的方向发展。

(六)父母做不到的,偏偏要求孩子做到

做父母的都"望子成龙""望女成凤",可俗话说得好"龙生龙凤生凤,老鼠的儿子会打洞"。换句话说,父母是什么样的人,孩子就会成为什么样的人。可是偏偏就有很多父母把自己的人生心愿和自己做不到的事情强加给孩子,让孩子替他们完成,还把这种强制性的给予说成是"爱"。如果孩子完成了父母的心愿,那父母一定很开心;如果不能,那么孩子这辈子都有得受了。

你可能不认同我这样说话,但不管是以前的报纸新闻,还是现在的网络新闻,因为孩子没有完成父母的心愿而遭到父母打骂的数不胜数。比如,没有在父母规定的时间内完成作业,没有考得父母心仪的分数,没有听父母的话多玩了一会手机,没有做到父母心中认定的那个"好孩子"……这些行为都是"父母未被满足的心愿",因为自己没有做到,没有被满足,总得找个出口,于是孩子成了最好的"接班人"。

案例七

高一年级普通班的学生张瑜是一个懂事有礼貌的小姑娘,每次在楼道里看到老师,都会笑嘻嘻地问好;每逢节假日的时候,也会给教过她的每一位老师献上她手工制作的贺卡,其中还写上她对老师的祝福语。每位老师都很喜欢这个小姑娘,对她的学习也很关注。

刚进入高中的时候,张瑜在课堂上的表现也很好,经常积极回答老师的问题,也积极参与班级小组讨论,课后也是认真完成每一项作业,课间还给同学讲解难题。每次月考,她的学习成绩都相当优秀,班里排名总保持在前三名。

老师们都认为这个姑娘以现在这样的学习劲头，三年后考一所理想的好大学不成问题。

　　经历了一个寒假，在高一下学期开学初的第一次考试中，张瑜的成绩跌落到班里第二十五名。这个成绩令大家都很吃惊，老师们在想，这个姑娘这个假期是真的去度假了，一点精力都没放在学习上吗？还是这次只是意外？当然，班主任找张瑜询问了情况，她没有多说具体原因，只是向老师保证下次一定考出好成绩，并且安慰老师不要担心她，她不会辜负父母和老师的期望的。

　　结果，之后的每一次周测，张瑜的成绩都没有什么回升，反而继续跌落；并且她的学习劲头也没有之前那么足了，上课有时还走神，不知道在想些什么。之后不久，正好遇上"女神节"，有很多同学陆续给班主任送来祝福贺卡，而迟迟不见张瑜来办公室送贺卡，这已经很反常了。

　　班主任见张瑜近期状况不佳，决定找她好好聊聊。结果，还没等老师开口，她就开始哭泣了，特别委屈伤心地说："老师，我受不了，自从我上次考砸之后，我妈妈就经常拿那次糟糕的成绩说事，说我以这样的成绩还考什么大学。别的同学偶尔考砸了，人家父母就会安慰和鼓励，我的父母就不会这样对我，为什么要用那样的语气教训我？"班主任只好先安慰她，然后问她开学那次考试到底是怎么回事。张瑜说："假期的时候，每次吃完饭，我趁休息想看会电视放松一下，我妈就总是不让看，让回自己卧室去看书学习，说完就立马把电视给关了；而且还训斥我整天就知道看电视。等我去学习的时候，我妈却自己在客厅一个人看电视或刷抖音，并且声音放得很大，虽然我知道声音小了，她耳朵听不清。每次我妈这样冤枉我、不理解我时，我就特别想反着和她干。所以假期和我妈就总是置气，也没有花太多心思在学习上，所以开学的时候考砸了。我本来想好好补习一下，努力追上来，可是每次回家妈妈就总是提成绩，弄得我心理很压抑，现在成绩也不见起色，我也没脸来找老师了……"张瑜说完又开始哭泣了。班主任劝她找时间和妈妈好好聊一下，把自己想说的都直接表达出来……

　　班主任做完张瑜的思想工作后，也找她父母来学校进行了沟通，希望父母多给孩子一些理解和包容，在家也要给孩子做好榜样，多和孩子沟通交流。

　　果然，一段时间后，张瑜的学习状态有了改善，成绩也有了回升。这个姑娘的脸上又露出了自信的笑容……

　　父母千万不要过分看重孩子的分数,孩子得了高分就心花怒放,得了低分就打骂孩子。人生路漫漫,不能只关注当下的分数成绩,而应把眼光放高点、放长远点。父母应该把注意力放在孩子的品德培养、学习能力、创造能力等方面的培养上,即使孩子将来上不了大学,也能够自食其力。

　　其实,想让孩子好好成长很简单,只要家长不要放弃自己的成长就好了。你想让孩子成为什么样的人,你只要让自己先成为那样的人就可以了。当你努力让自己变得更好的时候,将来在孩子懂事后,他们对自己父母不但有爱,也有尊重;而且还能从父母身上学到很多好的品质。这种言传身教有着潜移默化的力量,会在不知不觉中影响孩子的一生。如果张瑜的妈妈让孩子去学习的时候,自己也能陪着一起看书,也许张瑜就不会有逆反心理,也会自然而然地认真学习了。希望父母的言行让孩子值得骄傲,那样,孩子也会有清晰的努力目标和向上的动力,最终孩子也会成为父母的骄傲。

　　家庭教育是父母长辈在家庭中对孩子进行的个别教育行为,比学校教育要及时。常言道:“知子莫若父,知女莫若母。”家长与孩子朝夕相处,对他们的情况可以说是了如指掌,孩子身上稍有什么变化,即使是一个眼神、一个微笑都能使父母心领神会。故此父母通过孩子的一举一动、一言一行能及时掌握此时此刻他们的心理状态,发现孩子身上存在的问题,及时教育,及时纠偏,使不良行为习惯消灭在萌芽状态。总之,家长要充分认识到家庭教育的重要性,自觉地做好孩子的教育工作,尽好家长的责任与义务,为国家培养出合格的建设人才。

　　当今社会,人们所面临的生存、生活环境与过去大不相同,家庭教育的新情况、新问题层出不穷。所以,各位家长应该重新审视现有的家庭教育理念,取其精华,去其糟粕,树立科学、正确的家庭教育理念。

第七章

父母的境界和孩子的见识

苏联著名教育实践家和教育理论家苏霍姆林斯基曾说过:"父母是孩子的第一任老师,父母若放任孩子不管,孩子恶习一旦养成,学校不知要花多少时间和精力来对他进行'再教育',这对孩子、家庭和学校都是巨大的损失。"的确,孩子在未出生时就开始接受母亲的胎教。当孩子呱呱坠地以后,首先熟悉的人自然是父母,孩子学说的第一句话,学走的第一步路,明白的第一个"为什么",无一不是来自父母的言传身教。另外,在孩子学习的人生旅程中,父母教育子女的时间也是最长的。即使孩子以后进入幼儿园、小学、初中、高中、大学等,遇到了各种各样的老师,但这些老师只会教育他们短短的几年时间,而整个受教育的过程,父母虽不能时时刻刻守在子女身边,但将会陪伴其整个成长过程。更何况对孩子人生影响最大的幼小年龄段,主要教育都是来自父母,这段时间父母的形象示范、言谈举止,甚至父母的一举一动都将可能给孩子带来终身的影响。所以父母的政治态度、思想作风、性格修养、爱好特长等,无不使孩子耳濡目染,令其终身受益或受害。

这也说明了父母的教育方式、方法特别重要,而这独特的教育方式都源于每一位父亲、母亲自己的境界高低。那么,父母的境界会影响孩子的见识吗?我认为,孩子的见识虽然可以通过自己不断地成长和学习来拓宽,但是作为启蒙老师的父母对孩子见识的培养也是有最直接的影响的。如果父母的境界不够高,孩子的见识可能就会变得短浅,那么这些都将成为孩子前进道路上的阻碍,这些阻碍甚至会影响孩子的一生。

有一篇文章名为《教育孩子的六重境界》,其中提出,第一境界:家长舍得为孩子花钱,认为钱就是全部爱的表达;第二境界:家长舍得给孩子花时间,陪在孩子的身边,见证孩子的成长;第三境界:家长开始思考教育的目标问题——我究竟想要一个什么样的孩子? 一旦目标能够清晰地确定,家长就不容易被人裹挟,热衷跟风、盲目地对孩子进行培养;第四境界:家长为了教育孩子去学习,他们不再停留在"没有办法"或者"管不了",而是关注孩子的问题症状及其原因,积极进行干预和矫正;第五境界:家长为了教育孩子而提升和完善自己,因为他们明白"你是谁"比要求孩子"成为谁"更重要,一切家庭教育其实都是言传身教的结果;第六境界,也是最高境界:父母真正认识到每个人都是独一无二的,发现"我是谁""为了谁"比"成为谁"更重要,父母尽自己最大的能力支持和鼓励孩子成为最好的自己,也以身作则支持孩子成为真正的自己。

从第一境界到最高境界,大家或许已经明白其中的差别了,也许在孩子陷入迷茫、面对困难的时候,父母恰到好处的指引远比金钱重要。如果父母能够花费更多的心思在孩子的教育上,不断提高自己的境界,从而帮助自己的孩子增长一些见识,那么孩子一定会认清通往成功的道路,努力向上,走向成功。

一、父母的境界

高中生是一个特殊的社会群体,他们普遍都承受着巨大的学业压力,因为短短的三年高中结束的时候,他们要面对的很可能是影响一生的一次考试——高考。高考是我们国家最公平的人才选拔方式之一,高考成绩的高低直接决定一个孩子能走进哪所大学的大门,可以说高考真的能改变一个人的命运。因此高中的教育就显得尤为重要,高中的学生大多已经成年,他们看待问题也更加透彻,对人生规划与目标都已渐渐有了新的见解。所以父母对孩子的教育方式尤为重要;而父母选择一个什么样的教育方式,或许与自己的境界有直接的关系。

孟子小时候,他家居住的地方离墓地比较近,受居住环境的影响,孟子渐渐地学会了祭拜之事,玩起办理丧事的游戏。他的母亲说:“这个地方不适合孩子居住。”于是孟母将家搬到了集市旁,孟子又学会了做买卖。母亲又想:“这个地方还是不适合孩子居住。”又将家搬到学宫旁边,孟子学会了在朝廷上鞠躬行礼及进退的礼节。孟母说:“这才是适合孩子居住的地方。”于是便在这里定居下来。受良好教育环境的影响,孟子长大成人后,学成六艺,成为一位伟大的学问家,并获得大儒的名望。

孟子之所以能成为与孔子齐名的大儒,当然离不开孟母的逐步教化。孟母三迁,“迁”字固然重要,“三”字也不可忽视。倘若孟母一家刚开始就居住在学宫旁边,从未搬迁,他可能跟目前大多数品学兼优、生活环境良好的孩子一样,成绩优异,循规蹈矩,但也许并无大成。正是数次搬迁让孟子接触到了社会各阶层的人,也有机会学习民间的一些技能。谁能说这对其后来周游列国、增广见识没有影响呢?这或许才是其成才的奥秘。当然了,数次搬迁更体现了孟母的高瞻远瞩、英明决策。若不是孟母的决断,也许中国历史上就没有了

"民为贵,社稷次之,君为轻"的仁政思想,更无名垂千古的"亚圣"。可见良好的成长环境对人类的发展而言是十分重要的,所以现代人不仅要追求高品质的物质生活,更要追求高品位的精神生活。现在人们买房,追求交通便利,生活方便,环境良好等,这些要求无一不体现了买房者的远见。许多父母为了子女上学方便,学区房更是已经成为他们大多数人的首选,这更体现了父母对子女上学的周到考虑,正如"父母之爱子,则为之计深远",何尝不是反映出父母境界之高。

每年的高考前夕,安徽省的毛坦厂中学都要火一次,网上总能看到毛坦厂中学送考的壮观场景,这所被称为亚洲最大高考工厂的中学就是有如此高的名气。据说毛坦厂中学能够吸引来自全国各地的复读生,东到吉林黑龙江,西到甘肃新疆,南到云贵,北到内蒙古、山西,都有学生在毛坦厂中学复读。然而深深触动我的不仅仅是孩子来到这里读书,更多的是父母不远千里来毛坦厂这个小镇上陪孩子读书,并且陪读的家长有很多。有的家长为了孩子,甚至不惜血本,在这买一套房子。网上总能看到学生在毛坦厂学校门口吃饭的照片,父母给孩子送饭的照片。陪读的父母每天都要在孩子睡醒之前早早起床做好早餐,白天还要买菜、洗衣服、做饭,更是要等到孩子夜里放学后才能休息。一些生活条件并不好的家庭,他们只能租住在为陪读家庭专门装修的小隔间里,空间极其狭小,生活自然也不会方便。陪读的家长们可以委屈自己,却绝不委屈孩子,背后的辛苦付出,也许只有陪考的家长才能够理解吧。用蜗居生活形容他们其实最贴切不过了。其实何止是他们?全国多少家长不都是为孩子甘愿付出一切吗?据教育部官方统计,2019年高考,全国报名人数已经突破1000万。一人高考,全家待命!毛坦厂中学陪读的对象大多是高三复读生,而这里的陪读大军仅仅是全国的一个缩影罢了。每年的6月7日、8日这两天,即使正值炎热的夏季时节,全国许多家长仍旧在烈日下、马路边默默地为孩子保驾护航。

一定有父母会认为没必要这样,但在这场看不见硝烟的战争背后,特别是在高考的最后时刻,我认为,父母唯一能做的也许就是默默地陪伴吧!目前社会上,陪读可以说是一个非常普遍的现象,不仅仅是高中陪读。身边总能看到父母为了孩子上学方便而搬家的活生生的例子,有的甚至从幼儿园、小学、初中、高中一路陪读,一直都在搬家。说到陪读,不得不提2019年热播电视剧

《陪读妈妈》与《带着爸爸去留学》，两部电视剧中的父母为了陪读都放弃了自己的工作事业，陪着孩子出国留学。谁能保证现实中没有这样的父母呢？

任何事情都是两面的，社会上总有人反对父母陪读，总有讨论陪读利与弊的声音。如今，在高中生极大的学习压力下，在我看来，陪读当然是利大于弊的。不然为什么会有越来越多的家长选择陪读呢？若没有父母陪伴在孩子身边，父母便不能及时了解孩子的学习生活状况，在孩子养成不良学习习惯的过程中，又不能加以指导。出门在外的人，时间长了，总会思念亲人，更何况是孩子呢？父母的陪读解决了孩子的后顾之忧，一家人在一起还能解决父母对孩子的思念，岂不是两全其美。

"孟母三迁"体现了孟母的高瞻远瞩、决策英明；首选学区房，也体现了父母爱子，为子计深远；选择高考陪读，更体现了父母的高境界。那么，是不是所有学生家长的境界都能达到这般呢？

案例一

李红的父母学历都不高，但父母都很能干，长年在外地做小生意，家庭条件也相当不错。小红的爷爷、奶奶身体健康，每逢春节的时候，父母回到家中，一家人一起过年，看起来就特别和谐、幸福，村里人都投来羡慕的眼光。因为父母长年在外地挣钱，小红便跟着自己的爷爷奶奶居住，一起生活。小红在县里高中学校的重点班读书，成绩也一直很优秀。老师们一直都说，目前来看，小红高考正常发挥的话，一定能进入一所不错的大学。作为家里的独生女，小红虽然是在蜜罐里长大的，但她却很乖巧懂事，学习上也很自律、努力上进，父母并不用对小红的学习投入较多的精力。但马上就要进入紧张的高三冲刺，小红是全家人掌上明珠，更是全家人的希望。春节将至，父母从外地赶回家中过年，父母早就商量好，年后小红妈妈便留在家里陪小红读书，直到高考结束。听到这个消息后，小红的爷爷、奶奶很赞同这样的决定，小红更是十分高兴，对以后的陪读日子更是充满了期待，对高考也更加充满了自信。

春节过后，小红的母亲便留在家里，父亲独自一人继续到外地做小生意。小红的父亲其实是一个包工头，平时挣的钱也不算少，当然平日里也有许多应酬，长年累月便认识了形形色色的人。也许是工作上的压力，也许是一个人长时间在外太过孤独，小红的父亲在一次大醉后出轨了。这件事后，父亲觉得特别对不起小红的母亲，后来便主动跟小红的母亲坦白了自己的错误，以求得她的原谅。可是小红的母亲也十分要强，怎能轻易原谅丈夫犯这种错误，便坚决地提出离婚。犯错的父亲无脸面，也无力反驳，只好答应了母亲的要求。在离婚的时候，小红的父母已经商量好，暂时不会将离婚的消息告诉小红，怕影响孩子高考的发挥。可是，纸终究包不住火，在距离高考大约还有三个月的时候，小红还是发现了父母的异常关系，一番逼问之下，终于知道了父母其实早已经离婚了，一个从小受宠到大的小姑娘自然受不了这样的打击，这对高中生小红来说简直就是晴天霹雳。

从那之后，小红在学校里就总是魂不守舍、无精打采的，脸上也看不到往日那般自信的表情。课堂上，面对老师的提问，小红也根本回答不上来，上课也总是心不在焉，学习效率极低，作业也无法按时完成。受到父母突然离异的重击，以前活泼开朗的小红也渐渐变得不爱跟同学交流，在同学面前也变得自卑起来，情绪波动也较大。她内心觉得，父母根本一点儿都不关心自己的学习，对以前深爱的父亲更是充满了强烈的怨恨感。高考的日子越来越近，教室的气氛自然也变得压抑，再加上高考那千军万马过独木桥的压力，她渐渐地开始对学习产生了厌恶的情绪。这期间班主任自然是发现了小红的问题，并跟她的父母沟通了多次，同时也对小红给予了情感疏通和帮助。但父母突然离异的消息对小红的打击实在是太大了，加上日益逼近的高考压力，最终不出意料，小红高考落榜了！

研究表明，家庭离异确实会给孩子身心带来极大的伤害。对于那些幼小的孩子来说，最直接的便是对其心理上的影响，自卑、恐惧的心理障碍是普遍的现象，有的还会产生嫉妒心理、逆反心理。对于正在上学的孩子来说，厌恶学习、荒废学业也是屡见不鲜。离异家庭长大的孩子甚至对社会充满了不满和憎恶，更容易产生攻击行为。

当今社会，离婚已经成为一种普遍现象。2019 年中国离婚大数据分析显示，我国离婚率已连续十五年呈上升趋势。夫妻离婚的原因有很多，如婚姻意识淡薄、家庭关系紧张、物质上的追求不同……在我看来，父母离异最大的原因是双方的责任意识不够，父母双方的境界不够高。夫妻本来就应该既对对方负责，也对自己负责，如果夫妻双方能在生活中多一些沟通交流，多设身处地为对方考虑一点儿,也许就不会有那么多人离婚了。小红就是一个不幸的例子。如果当时他的父亲能够时刻记得自己是一个丈夫,记得自己的责任,也许他便不会犯错了。这样,也许小红便能轻松地应对高考的压力,也许她已经走进大学的校门了,可是世界上真的没有如果。做父母的最高境界就是:自己的孩子拿你当朋友,双方无话不谈。如果小红父母在离婚前能够和小红好好商量沟通一下,征求一下孩子的意见,也许小红还能够坦然接受现实,而不是遭受突然的打击,更不会被高考击败。

父母是孩子眼中最好的榜样,父母的境界当然会直接影响孩子的成长。

我国东南沿海经济发展较快,西部地区发展相对较落后,这是一个不争的事实。我国的教育也是如此,大到地区分布,小到城乡之间,都存在或多或少的差异。虽然改革开放以来,我国的经济发展已经取得了巨大成就,人民生活水平也得到了极大的提高,我们的国家地位也大大提升,但相应地,城市与农村的差异也随之扩大。国家在城乡中小学教育经费投入、资源配置上的不均衡,使得城里人与农村人的教育差距也在不断扩大。我们不妨来对比一下农村与城市在孩子教育上的差异,比较一下农村父母与城市父母对孩子教育的影响。从 2015 年对全国 1‰ 人口的抽样调查结果可知,15—19 岁队列中,城市与农村的高中及以上学历人口占比分别为 83‰ 和 53‰,可见生活在城市的孩子受教育的水平确实比农村高很多,农村甚至只有近半数人只完成九年义务教育。究其原因,城乡教育差异固然是一个直接的因素,父母的影响又何尝不值得我们思考呢?

案例二

20 世纪 60 年代的中国,经济才刚刚开始发展,社会贫富差距、城乡差距都比现在要小得多。陕西省榆林市的一个偏远山村,住着一户六口之家,一家之主张咏和他的妻子,还有两个儿子、两个女儿。家中条件在村里也是相当不错的。可是张咏就是不舍得在孩子的教育和学习上投资钱财,他认为,孩子只要能懂得认字,能学会计算加减,将来做买卖的时候不吃亏就好,现在首要的还是能帮家里干点活儿,减轻家里经济负担,攒钱,等儿子们长大了用于盖新房娶媳妇。

所以,他小儿子和两个女儿小学还没毕业就已经开始帮家里做家务活和农活了，上山砍柴、采猪羊草、洗衣做饭、喂养牲畜……只有他的大儿子张荣，打死都不肯放弃学习，就是不听父亲的话，一心要上学读书，哪怕放学回家帮家人做家务，忙里偷闲也要看书学习。他甚至白天帮着干活儿，晚上点煤油灯，也要写作业，并用不标准的普通话读着课本上的文章，从小憧憬着长大后去大城市读书，想着一定要通过读书来改变自己的命运。张咏也是拿自己这个大儿子的执拗劲儿没办法，只好花钱供他读书，但要求他只有在学校学习成绩很好时才可以一直读书，若是成绩考得不理想，就立马回家种地干活。

正是有了父亲这样强硬的要求，张荣不得不一直在学校努力学习，学习成绩一直很优秀，从小学顺利考上了乡镇初中，又从乡镇初中顺利考进了县级重点高中。这一路张荣都很努力拼搏，目标就是考上大学，去大城市读书。可是，张荣家距离县级高中有四十千米的路程，虽说是住校，但每周放假都要徒步回家取一星期的干粮。父亲张咏觉得能上到高中、取得初中文凭就已经很不错了，这么大的小伙子早该回家种地干活了，毕竟村里和张荣一般的男孩都已经不花家里钱，反而开始挣钱养家了。所以父亲根本不会给张荣买自行车上学。虽然这样艰难，但这仍然没有阻挡张荣上学的道路。他坚持徒步去学校、徒步回家取干粮，有时候母亲见儿子辛苦，早早给准备好两星期，甚至三星期的干粮。

可是，若是遇上阴雨天，拿太多的干粮就会出现发霉长毛的情况。当时的上学条件就是这样艰苦，没有食堂，学生只能自己在家准备干粮。张荣的干粮准备得太多，又怕饿肚子听课，影响学习效果，所以只能把发霉的地方抠掉，然后用热水泡一下干馍，强忍着霉味来填饱肚子。日积月累，张荣的胃受不了了，除了吃太多发霉的干粮外，有时候拿的干粮不够吃，还会饱一顿饥一顿的，把自己胃给吃坏了，一不小心就犯胃病，张荣仍然坚持学习，但这胃病终归是影响了学习成绩，只因五分没有过高考线。就这样，张荣终止了上学之梦。

高考落榜的那一年，正好赶上一次征兵，只因听说当兵可以吃到白面馍，还有钱挣，张荣就果断报名参军了，他真的是让上高中那三年给饿怕了。就这样，张荣踏上了当兵的路，自从他到部队后，一直很努力、认真，且因为他写一手漂亮字，又上过高中，部队就安排他当班长，这样一当就是五年。眼看快到退伍的日期了，正好下来一个报考军官的机会，张荣本来是信心十足的，就在这备考的关键时刻，张荣的父亲来电告知，说他奶奶身体不行了，让他赶紧回家来探望。结果等张荣赶回家后，发现这是个骗局，只是父亲给安排的一场相亲。就这样回家的一个来回，他错过了军官考试。迫不得已，张荣只能退伍回家，娶妻，当起了农民，过上了朴实的生活。

正是因为张荣的高考之梦破碎，军官之路的错过，张荣对待自己子女的教育十分重视。在他看来，只要自己的孩子愿意读书，他一定会砸锅卖铁来供读，并且一定让孩子无后顾之忧，只管在学校努力学习。总之，无论如何都要让孩子高中毕业，不会让孩子早早辍学，他是想让自己的孩子来完成自己当年未实现的高考梦。果然不辜负张荣的辛劳付出，四个孩子，其中有两个孩子都考上了大学，并且毕业后也留在了大城市工作、生活，完成了张荣年轻时一直想完成却没有实现的梦。

其实这样的农村故事有很多。今年春节过后热播的电视剧《安家》，女主角房似锦的成长故事就很典型，就是因为出生在农村，遇到这样目光短浅的母亲，她没有顺利进入自己本来已经考上的大学，只因母亲把她的大学录取通知书撕得稀碎，又告知学校孩子放弃名额不去读大学了。虽说这是电视剧的情节，但现实生活中这样类似的例子在中国农村并不少见。所以说，家长的境界对孩子的一生是有很大的影响的。家长的境界提高了，孩子的人生之路就会被照亮。

二、孩子的见识

曾国藩说，凡办大事，以识为主，以才为辅；凡成大事，人谋居半，天意居半。这句话明确告诉我们，办大事要以"识"为主，才能不过是辅助罢了，当然这里的"识"，不单单指知识，更指的是一个人的见识。高中生是一个特殊的群体，除了面对巨大的高考压力，他们有时还要面对父母、同学给予的压力，内心难免会出现波动。由于他们还未真正踏入社会，再加上所学知识的不足，自己难免被目前的见识与格局所限制。只有当他们读的书多了，走的路远了，自己才不会迷茫，也才会明白：一个人的见识越广，才会更清楚地知道自己追求的是什么。

案例三

梁洲是家里的独生子，从小到大没有经历过什么困难，家庭条件虽然不算富裕，但一家人过得也十分幸福。他的父母学历都不是很高，父亲是一名普通工人，上班虽然是干体力活儿，因为有一点儿手艺，工作也算是稳定；母亲在家经营着一个小卖部，一年下来，一家也能攒下不少钱。

成绩一直不错的小洲正在读高二，最近上课却常常走神，心不在焉的，学习状态特别不好，老师叫他起来回答问题，常常答非所问。课间也常常一个人靠在栏杆上发呆，不知道在思索什么。刚开始，老师以为他是晚上没有休息好，多次关心他，但没有特别在意。直到最近月考成绩出来以后，原本成绩经常处在上游的小洲，一下子滑到了下游水平。看到小洲成绩如此大幅度下滑，班主任找他沟通，询问他学习上的困难和成绩下降的原因。

小洲一直是一个非常有想法的人，他给老师的解释是：最近学习压力比较大，自己有厌学的情绪，并且感觉读书没什么用，想不明白现在高考压力这么大，自己为什么要这么辛苦地考大学。就算现在努力学习了，将来也可能考不上大学。即使考上大学，毕业后也还是去工作，去给别人打工。他认为，他身边那些没上过高中的人也都过得不错，可以挣钱养活自己，所以即使他自己现在辍学，也可以通过自己的双手劳动生存、生活下去。班主任接着问他："有想过要是现在选择不上学，要干什么工作呢？"让他把自己的想法和计划用笔写下来，帮他分析分析可行性。

他的想法是：自己可以去送外卖，当快递员，学理发然后开个理发店，到一家饭店当个厨师，去超市当收银员，去工地当工人等，总之有很多工作可以做，还说这些工作总要有人做，"三百六十行，行行出状元"，自己做还说不定能干出一番成就呢。说这些话的时候，他脸上充满了自信，说得有理有据的。班主任感叹："你若是把这心思全放在学习上，老师倒是相信你日后一定会考上一所好大学。"不管班主任怎么劝说他，给他讲大道理，他都听不进去，他就是想早点闯荡社会，学个手艺，干番事业。

无奈之下，班主任只好打电话联系了小洲父母。从父母那儿了解到，小洲上初三的时候，学习成绩就不稳定，当时班主任经常请家长去学校谈话。小洲的父亲每次回家都很生气，经常在小洲面前说："你在学校再不好好学习，你就跟我到工地上学手艺，学会手艺也就饿不死你，让你提前尝尝工地上的苦头。"

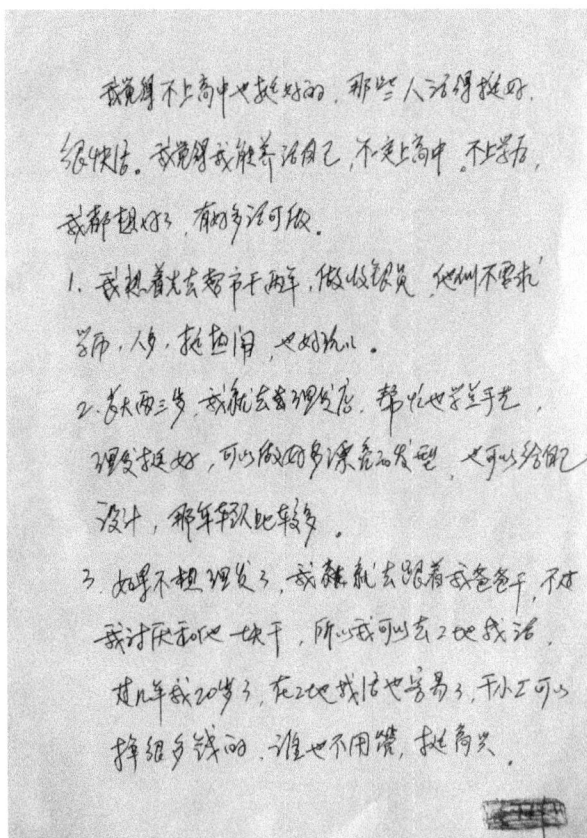
梁洲的日记

并且还真带小洲去过一次工地。一开始他还蛮喜欢这个工地的环境的,结果在外面晒了一个下午,就放弃了,选择回学校好好学习,所以最后还以不错的成绩来到这所高中。最后,班主任劝说小洲的父母,以后不要再用那样的言语训诫孩子了,会影响孩子的学习势头,他一听可以学个手艺以后就饿不死,他就会认为没必要参加高考。有时候父母在孩子面前的一言一行,都能影响孩子的见识和努力向上的方向。鉴于小洲最近的听课状态不佳,情绪低落,班主任建议家长把孩子带回家,调节调节状态,多鼓励孩子。

一周后,小洲返回了学校,班主任趁热打铁,与小洲进行了一次更深入的交流和沟通;并且告诉小洲,老师们都很喜欢他,若是他能在学习上再多一份坚持和努力,相信一定会取得好成绩的。并且和小洲有了一个约定,只要小洲顺利考上大学，且学有所成归来的时候，老师愿意做小洲创业公司的投资者。这个约定的目的只有一个，就是希望小洲能坚持上学，专心上学，目标明确，努力向上。

现在小洲是一名高三学生了，每次摸底考试，成绩都很好，年级排名保持在前五十名。相信小洲一定会考上一所理想的大学，不辜负班主任和父母的期望。

小洲想到的为什么不是去当饭店的老板，而是当一个厨师呢？在我看来，小洲之所以没想到其他更好的职业，他完全被自己的见识蒙住了眼睛。其实这是可悲的，一个人总觉得自己很厉害，这往往是自己无知的表现。

井底之蛙看到的天空总是只有井口那么大，面对小鸟的纠正，它不仅不接受反而自以为是地坚持自己的观点。如果它当时不安于现状，逼自己一下，能从井里跳出来，它看到的天空还会只有井口那么大吗？社会上总有人争论读书到底有没有用。说没用的人，总能举出很多例子，证明不读书也能成功。可讽刺的是，那些没有读过书却成功了的人却比任何人都重视教育。没见过世面的人，只会认为自己的日常生活就是人类应该过的日常。真正有见识的人越能看到自己的无知，也就越知道读书的重要性。读过书的人未来的路也就会越走越远、越来越宽。

案例四

张刚，一个来自农村的男孩子，性格很开朗，学习积极向上，成绩特别优秀。成绩优秀的学生自然有很多小伙伴可以一起玩耍，小刚也不例外。他今年刚刚以优异的成绩考入市里的一所重点高中，但他从小到大几乎就没走出过自己的县城，小学是在村里读的，初中在镇上的中学读的。其实目前的学校并不是他的中考目标，他之所以能来现在的学校读书，还是学校去他们那里宣传招生他才了解到的，后来还是学校看到他成绩优秀并答应给他免掉高中的学费，他的父母也都认为去了市里还能锻炼一下，也都表示支持，这才答应来的。其实他当时要去的高中就是县城的一中罢了，这也不仅仅是他自己的想法，村里大多人的真实想法都是那样，读高中去县城里就好了。

上学之前，小刚也是满怀信心的，毕竟自己的成绩也是很不错的，并且这所重点高中的毕业生大多都能考入一个很不错的大学。可是来到新的学习环境，他发现自己的同学大多来自城市，学校规定上课师生都要讲普通话，可是自己的普通话并不标准，经常会讲得大家哄堂大笑，因为他以前上学都是讲方言，老师亦是如此。体育课上，跟同学打篮球自己打得也并不是很好，自然经常受到队友的抱怨。音乐课更是害怕老师叫自己单独起来唱歌。课间同学讨论的都是 NBA 的某个球队又赢球了，某一球星又得了很多分，王者荣耀的游戏又升了一级，得到了一个很厉害的装备……总之，小刚就是显得格格不入。开学摸底考试，小刚的成绩还在上游。就因为他跟大家没什么共同语言，后来同学打球什么的也便很少喊他了。渐渐地，他跟同学交流的次数越来越少。小刚开始变得孤独起来，晚上经常失眠，彻夜想家，上课更是无法集中注意力听讲，如此一来，成绩自然要下滑。每一次月考，小刚成绩都在下滑，再加上高中的学习压力本来就大，小刚的成绩逐渐到了班级下游水平，这更使得来自农村的他越来越自卑，当初的满怀信心也转为焦躁多虑。学习上遇到问题也不敢及时跟老师同学交流，再后来便开始厌学，有时甚至都不想走入自己的教室，不敢面对老师和同学。小刚的情况自然也引起了班主任的注意，班主任更是在第一时间联系了小刚的家长，寻找到问题所在。大家一起努力，学校里班主任多次找他沟通交流，帮他解开心结，甚至在一次班会上让大家用家乡话交流。在学习上，老师给予了他极大的鼓励，还私底下告诉同学们多与他讨论交流，同学们甚至有意找他询问农村孩子们童年那些趣事，父母也时常打来电话送上鼓励。

经过大家一段时间的努力，小刚渐渐放下了包袱，与大家交流的次数也多了，性格也开朗了起来。学习上也变得高效起来，一次次考试，成绩自然也在进步。

现在看来，小刚当初的厌学确实是受到自己见识的影响。假如他能早一点学好普通话，早一点接触篮球等事物，他也许当初就不会那么自卑，甚至不会厌学了。小刚固然是幸运的，还好父母、老师和同学给予及时的帮助，如果他当时没有从那个悲观的世界里走出来，也许小刚的学业真的就毁了。小刚确实是受到了见识的影响，当然这并不是自己造成的，但这确实值得我们深思。

我是从农村里走出来的学生,从上小学到研究生毕业,再到后来走上工作岗位,与城市孩子之间的差异其实也是渐渐能感觉到的,我觉得农村孩子与城市孩子最大的区别就是见识。最简单的例子就是大学期间跟室友讨论什么时候开始学习英语这件事,城市的孩子大多在小学就开始学习英语,而我初中才开始学英语。从小到大一直生活过的环境、接触过的事物及周围人的影响,在这些方面,农村与城市的孩子都不相同。张荣就是一个现实的例子,受父亲视野的局限和周围环境的影响,他最终回到了那个他一直想走出去的山村。如果他的父母境界高一点、见识远一点,能够大胆支持他读书,没准儿故事就是另外一个结局了。

对于农村的孩子而言,他们的父母大多都是农民,学历普遍较低。许多父母也都明白,上学也许是孩子走向成功的唯一道路,孩子便是他们的希望,甚至是一个家族的未来。无奈受自己学识上的影响,父母不能在学习上给孩子以足够的帮助,只能在生活上给以支持。所以农村的孩子学习大多都是自己来决定,那时孩子读完初中就开始工作是一件很平常的事情。然而父母的支持也仅仅是支持孩子学习文化知识,那时候根本没有音乐、美术等相关的兴趣班,孩子们普遍也就没有特长。这无疑使得农村出来的学生在才艺、才能方面存在很大的欠缺。然而,对于在城市里的人,父母的文化水平也普遍较高,孩子从小接触的东西也不一样,也许当农村的孩子帮着父母做农活的时候,他们已经了解和学习到更多的才能和技艺了。周末他们还可以上课外兴趣班,培养个人兴趣爱好。家长们不仅会在孩子学习上给以相应的指导,也会让孩子德智体美劳全面发展。

三、跟上时代的脚步,父母和孩子共同成长

对目前就读于高中的孩子来说,他们的学习压力当然很大,在他们需要帮助的时候,有的父母只能送来生活上的嘘寒问暖,而有的父母却能针对高中知识在学习方式、方法上对症下药,做到雪中送炭,当然这只是不同父母文化水平上的一个反映,可这也正是父母境界的一个体现!所以,父母的境界高一点,孩子的见识也许就会广一点儿,这样孩子未来的路就会走得更远。

其实，现代的社会科技进步很快，信息量巨大，思想和科学技术不断更新，对于大多数人来说，想跟上时代的步伐，需要不停地学习。父母也要善于学习，只要我们愿意，学习的途径很多。我认为有三条途径最是可行。

（一）读书

人们都知道"腹有诗书气自华"，我觉得所谓"华"，应该是释放出的思想光华；所谓"气"，应该是才气、底气，可见读书能使人增加智慧、增长见识，让人心胸开阔。有人说，读书是最高雅、最放松心灵、最少付出的成长，是心灵成长不能少的一步。读的书多了，人就会一步一步走向更高的格局，做自己想要做的事情。

（二）电视和网络

现在的家长工作很忙。但无论怎么忙，作为父母，都应想办法每天抽出一定的时间观看电视中的新闻、焦点访谈、国际视野及一些很好的纪录片等有关节目，如果有机会，最好与孩子一起看，寻找家长与孩子的共同感受、共同话题。网络信息时代，网络也是学习的很好途径。只要想了解，网络什么都能教会你。

（三）旅行

读万卷书、行万里路，一直是人们推崇的增加见识的途径，以前是，现在依然是。多看、多感受，也是增长见识的很好途径。今天的社会需要多方面的人才，需要综合性人才，综合性的人才应该体现在人的综合素质上。旅行，是提升一个人综合人文素质的不错选择。

对于一个高中生来说，高中阶段更是学习的最佳时期。父母在保护好孩子、保证他们很好地完成高中学业的基础上，也要保护孩子的好奇心和兴趣感，促进其个性发展，多听多看，增长其见识，使他们达到真正的全面发展，提升他们各方面的素质。

第八章

家长的主观选择与孩子的
优势取向相悖

一、兴趣的重要性

兴趣是人认识某种事物或从事某种活动的心理倾向,它是以认识和探索外界事物的需要为基础的,是推动人认识事物、探索真理的重要动机。20 世纪最伟大的物理学家爱因斯坦曾说过:"兴趣是最好的老师。"兴趣能给人提供无穷的动力,兴趣可以让一个人平淡的生活不再单调,可以让一个人变得与众不同,有时还可以影响身边的人。

我们身边不乏这样的人,他们每天有自己的工作,有时甚至经常加班,可每天总能看到他们抽出时间跑步锻炼。很多人每周只有一天的休息时间,也许大多数人会充分利用这唯一的周末时间宅在家里睡个懒觉,做一顿丰盛的晚餐来犒劳自己一周的辛劳。可我们总能看到一些人提前安排好自己的周末时间,利用周末爬山、骑行、摄影等,然后进入新的一周的工作当中,他们仍旧元气满满、能量十足。你问他们累不累,他会说,自己一点儿也不觉得累,因为自己在做喜欢的事情。为什么我们经常下了班以后,在家里看看电视,玩玩手机,刷一刷朋友圈,用了很长的时间来进行所谓的休息,可是一旦停下这些娱乐活动,很多人都会感到空虚和孤独,并没有达到真正休息的效果?其实都是因为我们没有找到自己真正的兴趣爱好。

古人云,"人无癖不可与交,以其无深情也"。一个人有了兴趣爱好,才能更好地拥有积极乐观的好心态。一个人将精力和时间倾注在感兴趣的人和事上,往往会感到快乐和放松。总有这种感觉,当我们做着自己喜欢的事,往往会觉得时间过得好快,可是遇到自己不喜欢的事,总会感到度日如年,并且心情也会很糟糕。兴趣总能给人带来改变,喜欢书法的人,心境总是很平稳,他们的字自然也会写得漂漂亮亮;喜欢画画的人,生活总是很有画面感;喜欢运动的人,往往身材苗条匀称,心态乐观;喜欢摄影的人,总是善于发现生活中不一样的美;喜欢唱歌的人,他的行为举止中自带一种积极向上。

一个人如果真的对某件事情感兴趣,即使投入再多的时间和精力也不会觉得累,并且往往能把其变成自己的能力优势。有这样一个故事:有个年轻人的父亲开了一间洗衣店,生意一直都还不错。父亲非常看好洗衣店的前景,便把自己的儿子叫到店里工作,希望将来能够子承父业。可是儿子偏偏对洗衣店不感兴趣,迫于父亲的压力,他不得不来到这里,根本无心在这里工作,每天游手好闲,懒懒散散做一些工作。渐渐地,他变得十分厌恶洗衣店的工作,甚至有时根本不来店里。父亲觉得儿子目前不求上进,将来也会一事无成,这让父亲很没面子,在同事面前也抬不起头。终于有一天,年轻人觉得自己不应该在这里浪费时间了,他实在不愿意违背自己的意愿做自己不感兴趣的事,便跟父亲说,他想去机械厂工作,一切从头开始。这让父亲非常惊讶,因为父亲实在想不明白儿子为什么宁愿放弃现在的工作也要去当工人。最终在儿子的坚持下,父亲只能同意。他每天穿着沾满油的工作服,干着比洗衣店辛苦好几倍的工作,即使每天需要工作很长时间,但他也不觉得累,并且每天都精力满满,干得如鱼得水。工作的时候,他认真研究引擎等机械装置;工作之余,他还挤出时间学习工程力学、机械原理等课程。这位年轻人就是波音飞机公司总裁——强森。他制造的“空中飞行堡垒”轰炸机,帮助盟国军队赢得了最终的胜利,并为世界航空事业做出了很大贡献。强森的成功,兴趣起到了极大的作用,更重要的是他完全将兴趣变成了自己的优势。如果当时他听从父亲的安排,自己也许会是一个小老板,根本不可能如此成功。

高中阶段的学习可以说是一个人学习生涯中最重要的阶段,它有可能影响一个人的人生发展方向,所以高中生的学习压力也普遍较大。当你拥有一个自己的兴趣爱好,在你学习劳累、情绪低落的时候,做一些自己喜欢的事情,可以极大地缓解自己的疲劳,愉悦心情。拥有一个自己的兴趣可以丰富个人的生活,而且有时候可以成就一番事业,从而改变自己的人生走向。

2019年热播的电视剧《小欢喜》,当时受到大家的热捧和一致好评,特别是结合了社会热点话题——高考,里面更多的是对现实的真实写照,所以自然也能引起很多人的共鸣,特别是对于高考、对于家庭教育、对于亲子关系,它确实值得我们深思。

乔英子的学习成绩一直都是不错的,按她平时的成绩,高考正常发挥自然能考上一所很好的大学。她的母亲宋倩曾是一名优秀的高中教师,自然了解高考的压力之大。她更是一位严厉的母亲,甚至严厉到女儿每天吃什么都不能自己决定。特别是在英子进入高三后,母亲更是制订了严格的时间表,取消了女儿所有的课外活动,可以说她做的决定完全不考虑英子的个人爱好与能力。当然她的初衷肯定是为了女儿好。我们都知道英子最感兴趣的是天文，为了自己的兴趣，她曾多次请求妈妈让她去天文馆做讲解员，可是母亲偏偏认为这是浪费时间，执意不让她去，甚至最后一次还是在爸爸的帮助下偷着去的。在天文馆工作的刘静阿姨听了英子的讲解也是给予她极大的肯定，可见英子在这方面很有天赋。冬令营报名的时候，英子自然想报自己感兴趣的南京大学，可母亲觉得南京太远了，坚持让她在北京选一所学校。一次次沟通都无法改变母亲的想法，反而让她变得越来越不快乐，整夜失眠。可她太喜欢天文了，太想参加南京大学的冬令营，为此甚至离家出走，独自来到深圳当面求老师给予补报名额的机会。由于母亲管得太过严格，加上父母关系的不和谐，她的内心早已接近崩溃，自身也患上了中度抑郁症，为此还差点儿跳海自杀。好在父母及时伸出了援助之手，并改变了自己的想法，同时理解了孩子对天文的极度向往。最终高考，英子如愿考上了自己向往的南京大学。

宋倩自然是疼爱孩子的一个母亲，也为孩子付出了很多。作为老师，本应更懂得如何帮助女儿走进大学的校门，可她从来不问女儿是否愿意，总是把自己的想法强加到孩子身上。她所做的一切自然是为了英子好，只是在她帮英子做决定的时候完全忽略了英子的兴趣爱好，时间长了反而给英子带来了巨大的压力。若不是及时挽回，改变自己一意孤行的爱，英子的高考很可能也就失败了。身为父母，不代表我们有支配孩子的权利，我们更不能以"为了你好"来决定孩子的人生方向。父母盲目地替孩子做决定有时反而只会适得其反，所以父母做决定的时候还是需要考虑孩子的兴趣与能力的。

二、思维的不同及优势取向

电影《教父》中有这样一句话，"花半秒钟就看透事物本质的人，和花一辈子都看不清事物本质的人，注定是截然不同的命运"。这句话表面看是描述人和人之间的经历、阅历、能力及对事物洞察力的不同，但从本质上讲，其实是反映了一个人和另一个人的思维能力的不同。

一个简单的例子就能清楚说明人和人思考问题的角度不同。比如，有些人的衣柜总是杂乱无章，整理不出条理来，而有些人的衣柜却分类清晰，非常有条理。又如,你和一个人说话,有些人要说清楚一件事情,会把你说得烦死,而且要讲很多,把事情讲成故事;而有些人说一件事情,思维非常有逻辑,语言简短且表达得非常清晰,一句话就说中要点,你想让他说得更形象些、更丰富些,他却很难做到。有些人常常用一句"性格不同"概括,其实是不同人对事物的感受、不同思维角度下对事物的看法不同,不同的表达方式使别人接收到的信息不同。当然,一个人长久的思维方式、长久的对待事物的态度,也就让人对他有了一个固定的感受,对他有了一个固定的印象。

有关专家指出,思维最初是人脑借助语言对客观事物的概括和间接的反映过程。思维以感知为基础又超越感知的界限。通常意义上的思维,涉及所有的认知或智力活动。它探索与发现事物的内部本质联系和规律性,是认识过程的高级阶段。

思维对事物的间接反映,是指它通过其他媒介作用认识客观事物,及借助已有的知识和经验、已知的条件推测未知的事物。思维的概括性表现在它对一类事物非本质属性的摒弃和对其共同本质特征的反映。随着研究的深入,人们发现,除了逻辑思维之外,还有形象思维等思维形式的存在。逻辑思维也叫抽象思维,形象思维也叫具象思维。思维是人类所具有的高级认识活动。按照信息论的观点,思维是对新输入信息与脑内储存知识经验进行一系列复杂的心智操作过程。

20世纪50年代以后,脑科学有了新的重大进展,斯佩里等人对左脑和右脑功能的研究,对大脑机能区的定位研究,对神经回路的研究,对脑物理和脑化学的研究等,都进一步揭示了思维的物质运动性质;与此同时,皮亚杰等人对儿童思维和成人思维的研究,新近兴起的认知科学对人脑信息加工机理的研究,则又丰富了人脑反映事物本质之机制的知识。

所以,不同的人思维的倾向性有所不同,有些人偏重于逻辑思维方式,有些人更偏向于形象思维。这就表现为有些人的逻辑思维能力强,他们善于推理、构建联系。而有些人的想象力丰富,他们常常有特别敏感、特别好的感知,这些人对那些人文学科的东西、对艺术的想象更好,他们的记忆力常常也很好。

逻辑思维与形象思维的区别在于,形象思维是在对形象信息传递的客观形象体系进行感受储存的基础上,结合主观的认识和情感进行识别的,包括审美判断和科学判断等。形象思维也始终伴随着形象情感及联想和想象,通过事物的个别特征把握一般的规律,从而创造出唯美的思维方式。

形象思维常常更多伴随联想思维。联想思维是指人脑记忆表象系统中,由于某种诱因导致不同表现之间发生联系的一种没有固定思维方式的自由思维活动。形象思维又叫直观形象思维,思维更多依赖于事物的表象,包括视觉、听觉、触觉、嗅觉、味觉和动觉等。艺术工作者、文学家、建筑工程师也经常用头脑中的形象来思考问题、解决问题。

而逻辑思维能力更偏重于对事物进行观察、比较、分析、综合、抽象、概括、判断、推理的能力,通过合理的思考能力,采用科学的逻辑方法,准确而有条理地表达是最基本的逻辑思维活动。

分析和综合是逻辑思维的一个很重要的部分。分析是指在头脑中把事物的整体分解为各个组成部分的过程,或者把整体中的个别特性、个别方面分解出来的过程;综合是指在头脑中把对象的各个组成部分联系起来,或把事物的个别特性、个别方面结合成整体的过程。分析和综合是相反而又紧密联系的同一思维过程不可分割的两个方面。没有分析,人们则不能清楚地认识客观事物,各种对象就会变得笼统模糊;离开综合,人们则对客观事物的各个部分、个别特征等有机成分产生片面认识,无法从对象的有机组成因素中完整地认识事物。

经过思维的分析和综合,达到对事物多方面属性或本质的把握,由抽象上升到具体,经过一系列推理,给出最终的判断。

逻辑思维能力不仅是学好数学必须具备的能力,也是学好其他学科、处理日常生活问题所必需的能力。数学是用数量关系(包括空间形式)反映客观世界的一门学科,逻辑性很强、很严密。

有一部分人,自身的逻辑思维能力和形象思维能力有侧重,但是倾向性不是特别明显,所以这部分人从事学习和工作时,对方向性要求不是特别明显。而有一部分人,他们的思维方式有着极其明显的倾向性,逻辑思维能力特好而想象力缺乏;或者形象思维能力特别好,感知灵敏、想象力丰富、记忆力非凡,但对抽象事物及其相互联系的感知却很乏力。这样的两种人,他们对从事的学习工作角度就有了很高的要求。

高中教材,对学生的理解力、分析力、综合力、比较力、概括力、抽象力、推理力、论证力、判断力等各种能力有了很高的要求。对于两种思维方式有着特别明显差别的高中生而言,选择不同的学科就显得非常重要。高中教材的物理、化学与政治、历史等学科的学习方式有着极大的差别,家长在帮助孩子选择时,一定要了解孩子,根据孩子自身的特点选择不同的学习科目,而不是根据想象或自己的喜好和希望。学生的学习活动,是对具体知识点进行感知、记忆、理解、归纳、推理等的具体化和系统化的一系列过程,对感性材料进行加工并转化为理性认识及解决问题的一系列过程,这些都离不开思维,思维能力是学习能力的核心。它是整个智慧的核心,参与、支配着一切智力活动。一名高中生,只有在明确自身的思维优势的前提下,选择了学习的方向,才能显示出自己的学习智慧和学习能力。

三、家长的主观选择没顾及学生的兴趣爱好和能力优势

高中生学业压力增大,往往需要较多的时间学习。总有一些家长,他们当然很关心孩子的学习,甚至投入了比大多数父母更多的精力在孩子身上,为孩子安排好很多事情。可是由于对孩子的了解不深入,有时难免会做出不合理的决定,让孩子做一些不喜欢的事情。最终孩子因为自己的兴趣爱好不能实现,学习状态也会受到影响,反而渐渐变成了学困生,学习成绩大幅下滑。表面上父母为孩子投入了很多,可是孩子的成绩并不理想,父母自己也很郁闷。究其原因,皆是父母的选择忽略了学生的兴趣爱好。

案例一

小孙是来自农村普通家庭的孩子,父母当然希望自己的孩子能够通过读书改变自己的命运,所以非常支持他读书,虽然家里并不是那么富裕。在各个老师的眼中,其实他算不上一个聪明的孩子,但是平时学习特别踏实,老师布置的作业都能很好地完成,自去年进入高中以来成绩一直都还不错,虽不是名列前茅,但还是在上游水平。他还有一个哥哥,当初选择了理科,今年刚参加完高考,成绩还不错,被中国石油大学录取了。小孙现在马上就要进入高二年级了,面临的一个问题就是文理分班的事。小孙的成绩并不像有的学生有偏

科的现象,而是文理成绩都不突出,但都在良好的水平。也正是如此,所以一直以来,他的总成绩一直都挺好。最近他一直在为分科的事烦恼,他并不知道自己该选择文科还是理科,现在反而羡慕那些偏科的同学,因为他们的选择能够很好地避开自己的劣势,很容易做决定。他征求了好多人的意见,最终说什么的都有,所以他反而更纠结了。记得数学老师说过,理科数学在以后会越来越难的,鉴于他的情况建议小孙选择文科。他父母的观点是,学生选择理科的比较多,并且理科将来读大学可选择的专业也比较多,将来工作机会一定也多,建议他选择理科;并且还说他哥哥就是选择了理科,现在考得也挺好的。最终在父母的强烈坚持下,他选择了理科。

文理分科,自然班级也要重新划分,加上他高一期间成绩一直都挺好,所以他顺利地进入学校的重点班,并且成绩还不错。进入重点班压力自然也相对比较大。其实能进入重点班,大家的成绩都还是非常优秀的。第一次班会课上班主任便强调:目前虽然分了文理班级,大家还是要学习所有科目的,直到会考结束,但是因为我们是理科班,高考的时候自然不考史地政,所以以后每次考试统计成绩将不会统计史地政三科的成绩。渐渐地,小孙觉得越来越吃力,每天都会花很多的时间去学习数学和物理,做很多的练习题,跟同桌讨论,请教老师更是常有的事情。开始他以为这是分班以后理科的难度加大造成的,所以内心也还是充满信心的,虽然每天学得很吃力,但总能弄明白每一道作业题。第一次月考结束后,成绩并未公布,小孙已经感觉自己考得很不理想了,特别是数学和物理,开始他还以为是老师选题太难,大家的成绩都将普遍偏低。可是直到成绩出来以后,他发现自己已经下滑到下游水平了。学生之间难免要对比,小孙发现好多平时学习还不如自己勤奋的人成绩都比自己考得好很多,他们平时很多人做的练习题也都很少,大家都是一样地听课,并且自己每天也都按时完成作业,他很不理解,也很郁闷。这导致他最近上课一直都不在状态,学习更加吃力。有时候问同桌问题,同桌无意的一句“这道题很简单啊”“这个知识点儿老师课堂上讲了好几次了”,这样的话让他很难过。这一切渐渐地让他变得自卑,他感觉到自己在同学面前抬不起头来,甚至都不敢和大家交流了。这一切严重影响了他的学习,他成为一个名副其实的学困生。

终于有一天,小孙实在坚持不住了,他内心再也无法承受这种压抑了,于是他敲开了班主任办公室的门，将自己的状况完全讲了出来，希望老师给予帮助和一些建议。班主任对他的情况自然是了解的，因为小孙自高中开始，目前的班主任一直都是他的数学老师。班主任给他分析道："你学习上是很刻苦，很踏实，作业也都能按时完成，可是数学这个学科需要的是真正理解了各个知识点才行，每一道作业题完成了，知识点却没弄明白，这是不够的。有的学生天生想象力就很好，理解知识点自然也快。"最后鉴于小孙的情况，建议他改学文科，当然决定还是他自己来做。后来班主任还主动联系了小孙的家长，并将小孙渐渐变成学困生的事实告诉了他们。父母自然很着急，也很后悔自己当初给孩子做了决定，最终小孙和父母达成了一致，他转到了文科班。转到文科班的小孙如鱼得水，文科数学相对比较简单，这让他学习也不再那么吃力。在勤奋刻苦的他面前，史地政更不是什么难事。两次月考下来，他的成绩已经是中游水平了，这让他重拾信心，学习渐渐变得轻松了。期末考试，他已经考到了上游水平。

　　其实，文科理科的选择本来就是一个比较难的事，尤其是高一的孩子想法上可能还不是很成熟，即使自己做出了选择，面对他人的质疑，内心又不够坚定，很容易受到他人的影响。在父母面前，他们往往最先想到的便是文科理科哪个更容易就业，哪个更有前途。其实这种想法是不对的，他们完全忽略了孩子的情况。并不是选择某一科，将来一定能找到好工作。其实适合自己的才是最重要的，在选择的时候更多是要结合孩子自身的兴趣与能力优势。小孙当初选择理科基本全是父母的决定，而父母根本没有考虑他的实际情况。小孙还是比较幸运的，面对自己在理科班的困境，他及时寻求到了帮助。如果他当时一直消极下去，也许自己的学业真的就被这个错误的选择耽误了，自己的大学梦估计也将化为泡影。事实上，现实中有很多高中生在后来的学习中发现所选并不适合自己，可是由于时间上的不允许，他们都无法改变，只能接受现实。所以高中生面对文科理科选择时，一定要慎之又慎。在做决定之前，作为家长，当然可以给孩子提建议，但一定要结合孩子的实际情况，切忌盲目帮孩子做决定。兴趣能为学习提供巨大动力，往往适合的才是最好的。

　　目前新的高考制度已经出台，社会上自然是议论纷纷。新的高考模式打破了文理分科的概念，学生的选课也越来越灵活。当然学生的选择越多，反而有时更难做决定。以河北省为例,面对最新的高考改革,河北省从 2018 年秋季入学的高中一年级学生开始,实行"3＋1＋2"模式。"3"是指语文、数学、外语 3 门为必考科目,"1"是在物理、历史 2 门中选择 1 门,"2"是在政治、地理、化学、生物 4 门中选择 2 门。高考可选择项由两项增加到 12 项,这对于一些学生而言,选课反而变得更难。刚刚步入高中的学生可能还没有一个明确的职业生涯规划,选课时只是盲目盯着科目组合来选择。殊不知,选课的结果可能会直接影响大学相关专业的可选择性,从而失去报考理想大学专业的机会。在孩子犹豫不决的时候,父母的一句话都将很容易影响孩子的选择,所以父母切忌凭自己的主观选择提出建议或做出决定。父母应该充分考虑孩子的学习兴趣与能力优势,正确地引导孩子不要受外界因素的干扰,帮助孩子弄明白究竟适合学习什么科目,选择最适合的学习之路,做出最明智的决定。

案例二

小红的父母学历都很高,妈妈在大学里当老师,父亲在一家现代化的公司上班,主要负责公司法律方面的工作。从小到大,父母将小红教育得很好。小红乖巧懂事,是一个典型的"别人家的孩子"。父母对小红的学习一直都很上心,甚至有点儿严格,所以小红的学习成绩一直都很好,基本上每次考试都是班里的前几名。高二文理分班的时候,小红选择了学习文科,因为她对中国的文学一直都很感兴趣。一直以来,她的语文学得都很好,平时遇到优美的文章、经典的古诗词,她都能背得滚瓜烂熟,尤其是她的语文作文几乎每次都能得满分,所以常被老师拿来当范文让大家学习。在同学眼中,小红是一个不折不扣的学霸,在所有老师眼中,她当然也是一个十分优秀的学生,大家都相信小红将来一定能考一所不错的大学。

其实自从进入高中后,父母总希望女儿将来能学一个法律相关的专业,以便孩子将来进入工作岗位,父亲也能提供一些帮助。尤其进入高三以后,父母经常把将来报法律专业的事挂在嘴边,并且对她的学习、生活也都格外照顾。小红本来学得很轻松,她的成绩都很不错。可是总听到父母唠叨法律专业的事,渐渐地小红内心变得有点儿焦躁,高考前的连续几次模拟考试,小红的发挥都有一点点失常,父母却对女儿的成绩很满意。高考结束后,小红感觉自己发挥得并不是很理想,她便对自己的成绩进行了估分。按她估分的成绩,自己可以考 670 分左右,按这个成绩她应该可以进入复旦大学学习自己喜欢的汉语言文学专业。高考成绩公布以后,小红考了 662 分,结合全省的分数排名和历年录取情况,小红发现自己根本不可能进入复旦大学学习自己喜欢的专业。要是别人考了这个成绩,自然会很高兴,因为按这个分数,许多好学校都可以随便挑。小红的父母也是很满意的,在小红报志愿的时候,他们让小红报了复旦大学的法律类专业。在父母眼中,复旦大学也是一个非常好的选择了。其实在小红内心,她是不想学习这个专业的,她宁愿去别的学校学习自己喜欢的专业。在等待录取结果的日子里,小红每天都过得很艰难,她真的害怕自己不能被喜欢的专业录取,甚至希望自己不要被复旦大学录取。可是偏偏怕什么就来什么,终于有一天小红收到了复旦大学的录取通知书,并且还是法律学专业方向。女儿被复旦大学录取了,父母别提多开心了,迫不及待地跟亲戚朋友分享了这一好消息,还为此宴请了亲朋好友。其实自从小红收到录取通知书,她的内心一直都不是很开心,可是看到父母如此兴奋,每天笑得合不拢嘴,她又不好意思打破这种欢乐的气氛。因此,小红选择了先去学法律专业,并不是因为她接受了学习这个专业,是因为她知道只要她的成绩足够好,她将来仍然有机会通过转专业去学习自己喜欢的汉语言文学。

就这样,暑假过后,小红按时来到了学校,开始了向往已久的大学生活。刚来的时候,小红便下定决心一定要学好所有知识,将来才能转去自己喜欢的专业。起初小红还是很乐观的,因为她有足够清晰的目标。随着学习的渐渐深入,她变得开始担忧起来,因为自己对法律知识实在是不感兴趣,所以每天学习起来也很吃力。就这样又过了近一个月时间,小红实在是受不了了,她开始变得焦虑,信心也变得不足了,她感觉每天学习自己不喜欢的专业就是在浪费生命,虽然自己每天在很努力地学习,可是由于自己不感兴趣,她的学习成绩并不是很好。更重要的是这样下去,自己可能都转不了专业。她跟父母说明了自己自高中以来的想法:其实她对目前这个专业一直都没有兴趣,将来也是抱着能够转专业的想法才来的,就算继续读下去,将来也许能拿到一个毕业证,可是自己的大学生活将会过得很不快乐。所以小红提出了回去复读的想法,她的父母自然是爱女儿的,看到女儿过得如此不开心,更是后悔做出服从调剂的决定。为了女儿的幸福,他们便同意孩子退学回去复读的决定。

回来复读后的小红更加坚定了自己的目标,学习上她比上年更加努力,学习也是更上一层楼。这一年她把握住了机会，最终她顺利地考入北京大学，并且选择了自己喜欢的中国语言文学类的专业。

案例三

　　陆军的表叔是一名公务员，他在省里一部门当领导，并且权力很大。陆军的父母都是普普通通的农民，自然明白农民生活的辛劳，他们从小就希望陆军长大后也能像他表叔一样，考一名公务员，将来在表叔帮衬下找一个不错的单位工作。陆军是一个很聪明的孩子，从小到大，学习成绩一直都很好。中考的时候更是以优异的成绩考入县一中的实验班。如今即将进入高二，面对文理分班，他父母的建议自然是选择文科，这样便于将来考公务员找工作，于是他便选择了文科。其实在老师的眼中，陆军脑袋聪明灵活，更适合学习理科。文科上死记硬背的知识太多，对于一个男生来说，这并不是一个好选择，无奈在父母的坚持下，他只能选择文科。

　　就这样陆军进入文科班学习，面对整天的史地政课程，他通常需要花很多时间来背诵，刚开始陆军基本也都能背诵下来，学习成绩并不差。渐渐地，陆军开始有些不耐烦了，每天都在死记硬背一些自己并不感兴趣的东西，感觉是在浪费时间。他开始想念原来学习数理化的日子，自己并不需要花费太多时间，仍然能把它们学得很好。更重要的是，学好数理化让他很有成就感，在同学面前很有自信。面对每天无聊的课程，陆军逐渐产生了厌学的情绪，上课经常走神，坐在教室里发呆。无聊的时间总需要做一些事情来打发，这让他想到了同学放学后跑去网吧玩电脑的事。一次放学之后，陆军便跟着大家来到了网吧，那些游戏对聪明的陆军来说自然不是什么难事，游戏的胜利使他感到了快乐，渐渐地他开始迷恋上网打游戏。为了打游戏，他平时生活上省吃俭用，经常随便吃一点泡面对付了事。没有了学习兴趣的陆军，成绩已经大幅下滑了，完全沦为一名学困生，整天跟他的"狐朋狗友"混在一起。每个月家里给的生活费都是固定的，由于上网需要花费较多的钱，常常过了半个月，陆军便把所有的钱花得所剩无几，可是又控制不住自己的网瘾，他便萌生了偷钱抢钱的想法。一次放学后，他跟自己的同伙拦住了一个低年级同学回家的路，并顺利地从这个学生手中要到了 50 元钱，这让他们尝到了甜头，从此更加肆无忌惮。久而久之，他们抢钱的事终于惹得越来越多的家长找到学校反映问题，学校便开始彻查此事,最终他们自然逃不了学校的惩罚,陆军和他的好几个同学被学校开除了。

没学可上的陆军只能回家,被学校开除的陆军自然惹得父母不高兴,由于高中毕业证都没有拿到,他自然也找不到很好的工作。他只能跟着父亲来工地上打工,每天干一些搬砖、扛水泥沙子的体力活儿,这些繁重的体力劳动对于还是孩子的陆军来说太难了,每天干完活回到家,他整个人都累瘫了;并且每天这么辛苦地劳动也挣不到多少钱。陆军毕竟曾经是一个学习很好的学生,他跟那些同学不一样,他后来沦为学困生是因为他对文科不感兴趣。在工地上打了一段时间工后,终于有一天,他坚持不住了,他跟父亲说他想回去读书了,即使让他读文科,他都愿意回去读书。其实,父亲内心也并没有打算让他放弃读书,他深知读书是孩子唯一的出路,他可不想儿子将来跟他一样当个农民。带他来工地干活主要是为了让他体会农民工的艰难,并让他明白自己以前在学校不好好读书是个极大的错误。其实父亲早已经认识到儿子被学校开除自己也是有责任的,要不是当时坚持让孩子选择文科,而是让他读感兴趣的理科,也许儿子会学得很好,更不至于天天沉溺网络,最终被学校开除。看到如今儿子幡然悔悟,他内心也是很高兴的;并且决定这一次让儿子自己选择读文科还是理科。

由于儿子是被县里最好的学校开除的,现在就算回去好好读书其实也很难了,其他的学校也都不太愿意接纳他。为此父亲为了儿子不得不四处找关系求人,最终还是为儿子找到了一所愿意接纳他的民办学校。浪费了一年时间的陆军不得不重新读高二,并且这一次他选择了自己喜欢的理科。毕竟离开学校一年了,刚开始陆军学得有点儿吃力。只不过这一次他明白了机会来之不易,他一心只想好好读书,每天都很努力,加上他以前学习成绩也不错,慢慢地他就赶上来了,再加上学到了自己感兴趣的东西,他每天都变得精神饱满,学习动力十足。最终两年后的高考,陆军顺利考入西南政法大学。

从陆军的高中生涯可知,兴趣对人的学习起到很大的作用。当初面对父母帮自己选择的文科,他并不感兴趣,并渐渐走上了抵触学习的道路,最终被学校开除。要不是后来陆军"浪子回头"重回校园,恐怕父母和他都将遗憾终身了。即使离开学校一年时间,当他遇到感兴趣的理科时,一下子便重拾信心,在学习上没有了原来的抵触状态,最终成功跨进大学的校门。可见学习兴趣对陆军的成功起到了很大的作用。陆军的父母及时改变自己看法也起了很大的作用。如果他们后来仍然让陆军学习文科,即使陆军能够好好学习,他最终的高考也许并不会那么成功。所以父母在帮孩子做决定时,应该充分考虑孩子的兴趣,而不是盲目地替他们做决定。一旦选择错误,很有可能会耽误了孩子的前程。

四、睿智的父母总能把孩子的能力优势变成前进的动力

真正了解孩子的父母总能把自己的孩子当作朋友来对待,他们能将孩子的能力优势发挥到极致,助力孩子在高考中取得胜利。

案例四

在所有的老师眼中,李东当然是一个聪明的孩子,无论班级组织什么活动,总能看到他积极忙碌的身影。各种游戏对他来说倒是小菜一碟,尤其对电子产品更是玩得特别好。他也经常玩直播,唱歌跳舞样样都会,并且吸引了不少粉丝。可是他的聪明偏偏用不到学习当中,所以他的学习成绩一直都不太好,每次考试成绩都不理想,按他的水平考一所好一点儿的大学其实是比较困难的。他的爸爸妈妈都是大学生,现在都在各自的单位上班。父母深知职场人的压力,所以他们自然希望孩子能够考上大学。当然父母为此也做了很多努力,包括一直请老师补课,为孩子到学校附近租房子陪读等,尤其是他的妈妈,对李东的学习特别上心,恨不得把所有的办法都试一遍。

李东是家里的独生子,再加上李东明年将要进入紧张的高三,全家一直都围着他转。这反而让他觉得压力有点儿大,总感觉考不上大学就会很对不起自己的父母,所以自春节假期后开学以来,他下定决心一定要逼自己一下,以后他要努力学习,这样即使进不了大学的校门,自己也不会后悔。

最近全市进行了一次大联考,成绩出来以后,李东自然是考得不理想。李东开始变得迷茫起来,备感压力的李东终于敲开了班主任办公室的大门,他想让老师帮自己分析一下成绩。老师帮他分析了这次考试的分数及他在全市的

排名,告诉他如果这样下去,他估计还是没有大学可上。恰逢各个大学艺考开始启动明年的招生计划,老师建议李东考虑一下艺考这条路,因为以前经常看到他在网络上直播唱歌跳舞,感觉才艺还不错。只要艺考成绩能够过关,再加上目前的成绩,应该可以考上大学。

思索再三,李东觉得自己应该试一下艺考,因为即使艺考成绩不行,自己还可以参加高考。回到家之后,李东便跟父母说明了班主任的建议。母亲自然是不同意,因为母亲比较保守,认为考大学是没有捷径的,还不如踏踏实实学好知识。虽然母亲表面上不同意,可是一想到孩子现在的成绩确实没有大学可上,又觉得艺考也许是一条出路。私下里又主动找班主任了解情况,母亲看到李东以前直播的视频,感觉很惊讶,她从来没注意到原来儿子是这么优秀,觉得李东确实有一定的艺术天赋。可是母亲上网搜索艺考的资料后才了解到,其实艺考的录取率比普通高考还要低,艺考的难度不亚于考一所重点院校,再加上李东以前又没有参加过专业的训练,母亲最终决定还是让李东放弃艺考。听到这个决定后,这让刚刚看到一丝希望的李东又变得失望起来。幸好父亲读懂了李东想参加艺考的想法,艺考的日子逐渐逼近,父亲为了帮孩子实现梦想决定帮孩子一把。因为李东的学习以前都是母亲做决定,所以父子俩打算瞒着母亲偷偷进行艺考的训练。因为李东的才艺从来没有得到专业老师的意见,所以父亲首先想到的是找一个专业的人帮忙看看。可是自己又不认识专业的老师,父亲便开始四处求人找朋友帮忙,终于朋友帮忙找到了一个在培训班上课的音乐老师。老师看到李东的表演后,觉得李东确实有艺考的天赋,只是目前时间上可能来不及,要是能够早一点儿准备艺考,成功的概率将会大大增加。得到了专业老师的肯定后,李东也变得信心倍增,虽然时间很紧,但他还是想拼一下。回到家,李东把自己偷偷去见老师的来龙去脉告诉了母亲,更重要的是得到了专业老师的肯定,母亲自然是支持李东参加艺考的。

父母更是不惜花重金帮儿子报了全市最好的艺考培训班,因为里面的老师曾经是高中带艺考生的名师。也许是孩子找到了自己最喜爱的事情,李东渐渐变得更有信心了。接下来备战艺考的日子里,白天李东在学校学习的效率也有所提高,学习成绩也取得了进步,放学以后几乎每天都会去培训班学习,虽然备考的日子李东过得很累,但他过得很开心、很充实。最终在后来的高考中,李东顺利考入理想的山东艺术学院。

李东能够顺利考入大学，可以说是完全利用好了自己的能力优势与兴趣爱好。其父母的作用也是巨大的，因为他们帮孩子做出了正确的决定。选择艺考也极大地调动了李东的学习兴趣与主动学习的能力，更重要的是让他有了信心。如果当时父亲没有读懂孩子的内心想法，和固执的母亲一样坚持让李东参加普通高考，我想李东很大程度上会以失败告终。也许有时候孩子真的需要父母的"顺养"，父母虽不能对孩子放任自流，但也要尊重孩子健康的兴趣与爱好。只有父母加以引导，孩子才更容易走向成功。

第九章

现代信息工具与失控的家庭约束

一、现代信息工具的利与弊

随着时代的发展，手机作为最方便、快捷的现代信息工具，走进了千家万户，在街上可以看到人手一机的情景。当然，这其中也不乏一些高中生。随着手机的日益普及，手机也进入与我们息息相关的校园，在每个班级，拥有手机的学生不在少数。某中学的问卷调查结果显示，有48％的学生每天带手机上学，有73％的学生拥有手机，某手机生产商已把中学生视为他们将来庞大的销售市场。由此可见，中学生使用手机的情况值得关注。

中学生使用手机，利在可以方便联系。到了高中，不少同学都需要住宿，几周才可以回家一次，思家之情不言而喻，而手机在此时便可以稳定学生情绪，消除父母担心忧虑。一个电话、一条短信，都带着浓浓的亲情，传递给亲人的是关切与安心；当你出门在外，有朋友或家人忽然有急事想了解你在何处、在做什么，此时手机又是一种快捷又方便的联系工具；外出旅行或办事，坐在火车或大巴士上，闲来无聊，听听手机上下载的音乐，玩玩游戏，手机又是一种不错的消遣工具。

然而，事物都有两面性。手机的使用有利有弊。对于学生来说，使用手机有以下几点益处：第一，手机是了解资讯、快速掌握多方面知识的重要途径。当一台手机联网后，它就将整个世界呈现在你的面前，让你足不出户走遍天下。通过手机，在网上我们可以了解到最新、最快、最权威的新闻，可以接触书本以外的、更加宽广的知识，使我们了解更前沿的科技，拓宽我们的知识面，增长我们的见识。第二，手机学习自主性大且方便。如今，市场上的学习软件琳琅满目，比书本灵活、有趣，容易引起我们的兴趣。使用手机看书也很便捷，我们需要阅读的名著都可以在网上打包下载到手机里。第三，手机是加强交流的有益工具。学生大多都是独生子女，朋友较少，通过手机网络，可以使用微信、QQ等聊天工具和同学交流，还可以交到新的朋友。这对于渴望朋友、渴求友谊、渴求倾诉的学生来说，是一个绝好的载体，他们可以在网络中愉快地畅谈，得到心灵上的放松和解脱。

中学生长期使用手机，弊端亦显而易见。大部分用手机打电话的学生都是以闲聊为主,辅助做功课,与家长联系得比较少。许多学生把时间荒废在发短信上,你来我往,没完没了,时间便在指间悄然流逝,话费也在不知不觉中渐渐殆尽。有的同学甚至在课堂上发短信,荒废了自己的学业不说,还要影响上课纪律,使得老师停止讲课,更有甚者,把手机作为考试作弊的工具。

中学生可以使用手机,但要合理适度地使用,大可不必手机不离身,每天捧着它,而应该在需要它时使用它,充分利用现代信息工具带给人们的好处,扬长避短,真正发挥一部手机应有的作用,造福我们的学习、生活!手机本身并没有对错之分,最重要的是我们怎么来使用手机,在什么地方、在什么时候使用。我们也坚决反对学生课上用手机发短消息、考试进行作弊等不良的行为,同时,我们也肯定手机确实给我们的生活带来了快捷和方便。在现代信息工具快速发展的今天,广大中学生应正确对待手机的使用,更多地了解如何形成良好的生活习惯,塑造健康的生活方式,让手机更好地进入我们的校园,更好地为学习服务。

二、大量使用信息工具,留给书本的时间越来越少

对于寄宿制学校的学生来说,有一部手机,可以方便联系家里,可以偶尔排解一下学习压力。但是随着手机的更新换代,喜欢新事物的高中生更加对其爱不释手,把手机当作校园生活的一部分,手机应用的发展让学生们把手机当成娱乐工具,上课有时都在偷偷玩游戏、发短信、看小说等。现在,随着手机GPRS的强大功能,4G、5G的陆续开通,学生们已经不仅限于通话和发信息,还通过手机进行聊天、玩游戏等,这占用了大量本应属于学习的时间,严重违背了家长当初给孩子买手机的初衷。同时,由于学生们缺乏自制力,将大量的学习时间浪费在手机娱乐上,不少学校出现了上课玩手机、晚上不睡觉偷偷玩手机的情况,这不仅导致了学生学习成绩的退步,更影响了学生的身心健康。

某市教育局组织的中学生手机使用情况调查显示,上网是中学生最喜爱的放松手段,中学生在写完作业后,休闲时间玩手机的比例占85.71%,不论是手机还是平板电脑、电脑都占据了各年龄段学生们的课余时间。用手机上网打游戏的高中生占34.29%。同时,在这些上网的学生中每天使用网络在

0.5—1 小时的,比例占到 32.86%;使用时间在 1—1.5 小时的,比例占到 8.57%。中学生基本有了主见,而且一部分学生住校,现代信息工具的使用更加难以管理。

据了解,在上网时间较长的学生当中,有学生每周上网时间最长超过 15 小时,最短的每周上网时长也超过了 8 小时,沉迷手机的学生每周平均上网时间 12 小时。这意味着学生几乎将所有课余时间乃至很多应该学习的时间都消耗在了上网冲浪、玩游戏中,几乎没有了主动学习的时间,导致学习成绩止步不前。

任何事物都有它的多面性,科技是把双刃剑。导致目前使用信息工具占用学习时间的主要原因,还是整个社会、老师、家长缺乏对学生的正确引导。其实手机也可以作为学习的帮手,现在大量的线上授课、网络答题等 App 也为学生们提供了很多可以学习的平台。如何在学生的心中树立正向的信息工具使用观念,使之有效地利用网络学习更多的知识,是当前教育工作的一大重点。

绝大部分中学生尚未成年,还需家长监管,家长为孩子提供手机,希望能够与孩子随时保持联系,以了解孩子动向和情况,从家长角度来说这本是无可厚非的。但是,如果孩子本身的自制力非常弱,家长还给中学生配备手机的话,这就在无形中害了孩子。因为一般情况下,自制力较差的孩子要么成绩不怎么好,要么成绩不稳定,而一旦给他配备了手机,无异于雪上加霜、火上浇油,其成绩"稳步下降"则是迟早的事。因此,要不要给中学生配备手机,应该怎样使用手机,于情于理只有家长真正管得了,要从实际出发,切记不可盲目跟风。若家长不加以认真对待,放任自流,终将自食其果,后悔莫及。

对于学校来说,也应做到科学引导和管理,尽量减少手机带来的负面影响。学校要么规定不能带手机到校,要么允许手机正大光明地带进校园。手机进入校园后,校方也应该有相关的管理制度,如上课期间手机统一管理,固定的时间允许中学生使用手机。同时,一些学校如果已经制定相关不能带手机入校的校规的话,一定要及时有效地做好学生的心理疏导工作。据观察发现,有些性格相对比较内向的学生可能更依赖手机,他们更喜欢通过屏幕表达自我,如果这种方式被禁止,而又没有新的通道疏导他们内心的情绪,他们会更加孤单和无助,尤其是到了高中,学习压力越来越重,他们的情绪如果无法宣泄,比较容易出问题。这就需要教师和学校多加关注。

三、长时间沉迷网络游戏，导致学业荒废

随着信息化社会的迅速发展，现代信息工具走进了千家万户，网络世界时时刻刻联系着我们的生活。而网络游戏给中学生的生活带来了多方面的影响，对这些影响进行客观性的评价显得非常必要。有关资料显示，接触网络游戏的中学生已超过65％，所以网络游戏给中学生带来的影响不容小觑。目前，很多中学生普遍感到学习压力很大，为了获得轻松的心理，他们选择了网络游戏。中学生虽然有一定的控制能力，但是他们一旦在现实生活中遭遇挫折，特别当无法解决在学习生活中遇到的问题时，就会开始逃避，为摆脱"弱者"地位，寻找能够满足成就感的替代品。

网络游戏恰恰能给他们作为强者的愉悦感。现在网络游戏都是根据学生好奇冒险的心理特点设计的，场面惊险刺激，游戏一关接着一关引着你要玩下去，要想通关就得连续"奋战"。这虽然不像对烟、酒等物质的依赖力量大，但在虚拟世界的信息刺激下，玩者普遍会感受到在现实世界体会不到的快感。随着乐趣的不断增强，就会欲罢不能，久而久之容易成瘾。据调查，在他们的圈子里，关于网络游戏的术语是他们的"行话"，谁的游戏技巧高，谁玩得游戏多，谁就会受到更多的"尊重"。

在这种氛围的影响下，许多学生就会努力"钻研"，从而不自觉地沉溺其中。不论是上课还是课间，学生之间谈论最多的就是最近玩游戏的体会。越来越多的中学生开始沉迷网络游戏。网络游戏挤占了学生读书和思考的时间，影响学习成绩。不少学生由于过度迷恋网络游戏、依赖电脑网络，沉迷于网络之中，几乎无时无刻不想着游戏中的情节，想着如何去战胜别人，如何多升级，长期地不思学习，以至于成绩下滑。不仅如此，有的学生为了玩游戏而逃课，有的沉迷游戏导致记忆力衰退，还有的学生通宵打游戏，导致白天没有精神听课；而这些行为最终导致的就是学生学业的荒废。

案例一

李飞是一个因迷恋网络游戏而荒废学业的学生。李飞读初中的时候还曾

被评为班上的三好学生。因为父母常年都在外地打工,每逢星期天和节假日,李飞回家经常都见不到父母亲的面,长时间缺乏父母亲的监护和关爱,再加上李飞平时内向、孤独且很少与人交流,情感的脆弱使他一时迷失了方向。父母长年在外,疏于对孩子的管理、教育与沟通,总是觉得自己对孩子有一种愧疚感,认为多给孩子一点钱就是对孩子的关爱,而忽视了对孩子的严格要求。更令人费解的是,李飞母亲还买来一台电脑,让李飞暑期在家上网。网络的神奇魅力,在家又无拘无束,致使李飞胆大妄为地在校外租房,长时间上网,甚至废寝忘食,最终迷上网络游戏,荒废了学业。

某天下午,班主任接到一个电话,被问所带高三(1)班是否有一个叫李飞的同学,他说李飞在校外租房子住天天打游戏,他们班有一个叫刘某某的学生三天没上课就是和李飞在一起的。听到这一突如其来的消息,班主任十分震惊和困惑,心情久久不能平静。

事情源于一天下午李飞向班主任请病假回家,班主任要求他到家后必须让家长回个电话。当日傍晚他给班主任回了电话,他说家长不在家。次日,班主任给李飞家长打电话,李飞母亲说李飞不在家。后来班主任又打过几次电话询问李飞的情况。有一次,在电话中李飞母亲问,李飞再去学校上学,学校还要不要他,因李飞自动离校已超过一周,班主任已经向学校领导汇报了。因此,班主任叫李飞母亲带李飞来学校找领导说明一下情况。之后班主任又向李飞家打过几次电话,但始终都没人接。原以为李飞请病假回家以后从此辍学之事家长知道了,但是,万万没有想到的是,李飞以生病为理由请假回家,只不过是他欺骗家长和老师的一个幌子。家长认为李飞在学校上学,而老师则认为家长已经知道李飞自动退学,然而,时隔一个多月,这个弥天大谎才被戳穿,这不能不发人深省。

在得知李飞背着父母在外面租房天天上网以后的两天里,各位老师都寝食不安,万一李飞因生活或上网的费用问题而行窃,或者因整天迷恋网络游戏而出现生命危险等,真是不堪设想。每当想到这些,总是让人不寒而栗。为了防患于未然,班主任又再次向领导汇报。几日后,几位老师在某一网吧找到李飞。不知道李飞上了多长时间的网,只见他面色苍白,站都站不稳,坐在车上很快就睡着了。当晚,在外地打工的李飞母亲前脚刚进家门,老师们后脚就赶到了。

在班主任讲述了李飞的情况后，李飞母亲才如梦初醒。早知道李飞如此，也就不外出打工了，悔恨自己对孩子没有尽到责任，当初不应该太相信太顺从自己的孩子，多亏了老师和学校，李飞才没有误入歧途。

尽管李飞没有因迷恋网络游戏而误入歧途，但是像李飞这样迷恋网络而荒废学业的现象不是个例。从交流中得知，李飞迷恋网游的原因是多方面的，但主要还是家庭方面的原因造成的，假如当初李飞母亲在知道李飞上网后就果断采取措施，并将李飞打游戏的事情告诉老师，家庭和老师形成教育的合力，老师也不至于被李飞的谎言所蒙骗，最终李飞也不至于迷恋网络游戏而荒废学业。

十年树木，百年树人。在学校，对待迷恋网游的学生，老师首先应该从正面引导，帮助他们树立正确的人生观、确立学习目标，并把大目标分解成一个个小目标，善于发现他们身上的闪光点，让他们时刻感到有一种成就感；其次，一旦发现他们上课不专心听讲、打瞌睡、迟到早退、逃课或情绪不稳定等，就应该耐心细致地做好他们的思想工作，动之以情、晓之以理，列举现实中的事例为他们分析打游戏的利弊得失，多观察并从侧面了解他们的心理变化；最后，对于已经迷上网络游戏的学生的教育有一个反复的过程，决不能因为一次教育奏效而放松警惕，必要的时候还要寻求家长的配合，力争做到防患于未然，将一些不好的苗头消灭在萌芽状态。

案例二

王明，男，一名高一的学生。入学初，他的成绩较优异。他怀揣梦想和激情开始了他的高中生活。该生内向、羞怯，没有勇气参加班干部竞选，打算从学习上多加努力，出人头地。可是经过一段时间的学习，王明痛苦地发现数学、英语等科目难得超出想象，而且高中知识不再像初中那么容易理解，他感到烦闷与无奈，想努力学习但又不知从何开始。在沮丧与痛苦中，他慢慢开始接触网络游戏，进而一发不可收拾。相比于学习的艰难枯燥，网游要有趣得多。一开始他只是零星地去网吧玩，玩过之后也会内疚，可是在半个学期后的寒假中，出入网吧变成他主要的生活方式。身边的同学开始规劝他，也在束手无策之后汇报给班主任。班主任很重视，多次找他谈心，并根据王明的特点帮他制订实际可行的学习方案，并请学生干部和舍友共同监督。

奏效一段时间后，王明重蹈覆辙，又开始频繁地逃课打网络游戏，原因是原本对他来说较难的科目，荒废了一段时间更加跟不上课程进度，加之他自制力差，又不擅长和老师、同学沟通，内心痛苦无法排解便重新沉迷网络。这次班主任找他谈话了解到，此时的网游已经成为一种他逃避学习、逃避生活的手段，而非之前的兴趣使然。用游戏来排解内心的空虚和不安，可是上完网却更空虚，学习已经变成一座高山，压在他心里。期末考试，王明的成绩排在班里的倒数。

新学期努力学习了一段时间还是跟不上，王明又开始沉迷网络，如此恶性循环，两三个学期下来，几乎所有的教育管理方法对他已经起不到作用，因为他本人已经自我放弃，抱着破罐子破摔的态度。班主任与王明的父母进行了长时间的沟通交流，了解到王明来自偏远的农村，父母年纪较大，他自小成绩优异，沉默寡言，在家与父母和弟弟都很少交流，父母尽量给孩子提供最好的学习生活条件，供他上高中的钱都是节衣缩食省下来的，但是父母却无法走进孩子的内心世界，并不知道孩子在想什么，对孩子在校的表现忧心如焚，却也无可奈何。

通过对学生成长史的了解，班主任发现王明外表很冷漠，内心却特别脆弱，对妈妈有很深的感情。面对一直低头不语、反应木讷的小王，班主任从情感的角度讲了父母对他的爱和期望。主要是从心理的角度，深切同情他的遭遇和体会，理解他的矛盾和痛苦，鼓励他从头再来，按照自己的进度成长。多次辅导谈到家庭与母亲的不易，王明感触很深。后来班主任找学生暗中观察，王明的状况有所改善，抓住这个时机，班主任安排班里的骨干对其进行帮扶，主动帮助他学习，王明踏实努力了大半个学期。为了巩固这个成果，班主任再次找来班长和宿舍同学，大家展开讨论如何帮助王明回到同学中来，让他产生归属感。大家都设身处地地为他想了很多办法，并纷纷表示，自己会尽最大努力主动和王明交流，学习上和他一起自习，切磋学习，生活上叫上他一起打球、健身等，让他用一种健康的生活方式替代之前的生活。班主任很欣慰，鼓励大家按照自己的想法去做。在班主任与同学们的帮助下，荒废的学业被王明一点点"捡"起来了，他的成绩也在一点点进步。

对沉迷网络游戏的学生的教育转化是一项长期的工作,需要教育者有高度的爱心、耐心和智慧。在面对特殊学生开展工作时,单纯地晓之以理、动之以情的思想教育方法往往发挥不了太大作用。因为每个学生都觉得老师讲的道理他懂,可是他无能为力。而且老师、家长、同学、朋友都不了解他,没有人了解他的矛盾和痛苦,他是一个孤独的人,是个"独行侠"。于是他所做的逃课、上网、生活方式混乱等事情统统被他自己赋予了一层悲壮的色彩,他甚至会觉得自己很神圣、很超然。我们要将心理辅导和思想教育相结合,即把二者的优势相结合,但是所做的工作又要超出二者的范围。像王明的案例,心理辅导无处不在,同时又结合了思想政治教育的方法,对他的课堂学习和日常生活加以教育管理,安排同伴接近他、影响他,这样才能拯救在网络游戏中迷失的学生。

四、受网络直播影响,产生急功近利的心态

自 2016 年进入直播元年以来,各个直播平台、App 发展得如火如荼,但直播中各类信息的良莠不齐,严重地影响了学生们的价值观。好的方面是,人们可以从直播中学习知识和技能,可以欣赏音乐和舞蹈。但是在直播的发展过程中产生了大量与社会发展观念相悖的乱象,比如某直播男子将共享单车扔入水库,某直播平台出现大量未成年妈妈,为博取眼球某女子直播生吃野味等,这些低俗的行为给社会带来了极其恶劣的影响;尤其让人不安的是,观看直播的人中有很大一部分是中学生,他们不懂得其中的利害关系,网上关于未成年人巨额打赏主播的新闻也层出不穷,更有大量的中学生因为网络直播错误的价值观产生了急功近利的心态,觉得直播来钱快而想要辍学从事直播行业。在网络直播逐渐成为主流传播方式的今天,这些问题值得深刻的反思。

"每天稳定在公司指定的直播平台直播 3 小时以上……底薪加提成月收入 2 万以上。"这是某网站上的一则主播招聘信息。从该网站页面上显示的信息来看,已有百余人投递了简历。对于普通人来说,进入网络直播行业的门槛的确非常低,只需要一台电脑和一个账号即可进行直播,而利用手机软件,更是能够实现随时随地直播。高收入的"诱惑",非常容易导致未成年人对网络

直播行业趋之若鹜。这究竟是高薪的"糖衣炮弹"，还是事实确实如此呢？

直播行业具有以下几个特点：

职业门槛低、要求低。目前加入各直播平台的条件非常简单，没有门槛导致了网络主播的良莠不齐。很多主播为了博出名，做很多吸引眼球但不被社会观念所接受的行为。这些人大多没有什么文化素质，且思想不太成熟，这其中不乏很多受蛊惑后辍学加入直播行业的初、高中学生。

看似工作压力小，表面光鲜。在很多人的眼中，主播们每日只需与观众互动、玩玩游戏、唱唱歌即可拿到月入几十万的打赏，没有鉴别能力的未成年人尤其容易受此类行业吸引，觉得既不用朝九晚五上班，更不必付出汗水，每日简简单单即可收入颇丰。

没有门槛、看起来轻松与看起来容易赚钱的特点，吸引了无数青少年准备或已经投入这个行业中，更为重要的是这传播了"既然连没有上过学的人通过做主播都能赚钱，那么辛辛苦苦地读书有什么用"的观念。造成这种观念的原因很大程度是他们对直播行业了解太少。而当他们懵懵懂懂放下学业投入直播中，他们得到的也不过是不稳定且微薄的收入；到时如果想重新拾起学业，也已不可能。资本主义社会以钱为本，有向钱看的风气在，直播更是加强了这种风气，这使青少年忘记了诗与远方，而执着于眼前的苟且。不难想象，如果作为国家未来的青少年都这么唯利是图，那么以爱国精神为主体的奉献精神将不复存在。

加快净化网络直播间，减少网络直播对青少年的负面影响，需要社会各方面的共同努力。

首先，在规范网络直播的内容与方式上，各类直播平台有着不可推卸的责任。第一，直播平台要对直播内容进行监管。淫秽色情信息、血腥暴力场面、违法犯罪行为等内容会对广大青少年的价值观产生消极影响，网络直播平台必须加强对直播内容的监管，把不适宜的内容"踢出"直播间。第二，加强网络主播的素养培训。网络直播的门槛很低，并不意味着网络主播不需要良好的自身素养。网络直播平台作为直播主办方，有义务对主播进行相关的培训，提高主播的素质，不能为了获得利益而将道德和法律置之度外。第三，直播平台要对直播内容进行不定时的监督。网络直播内容庞杂，在进行直播内容筛选之后，平台要对其实施效果进行有效监督，安排专门的监督人员对网络直播进行不定时的监督,对于违规行为要及时处理。

其次,社会也要承担一定的责任。第一,国家互联网管理部门要制定相关的法律与制度,加强对直播平台的规范与整治,提高直播平台的准入门槛,严格网络主播的申请程序。建立直播平台"黑名单",将违规次数多、警告无效的直播平台拉入"黑名单",提高国家互联网监管部门的公信力。第二,要加快完善相关法律法规,使网络直播管理有法可依、有法必依。第三,完善群众监督机制。充分发挥群众的力量,监督网络直播间里的不良现象,遇到不良信息要及时举报。唯有如此,违规的网络直播行为才会无所遁形。

最后,家庭要为孩子们创造和谐的氛围。和谐的家庭氛围在青少年的成长过程中起着不可忽视的重要作用,它可以帮助青少年形成健全的人格和良好的道德品质,为其形成正确的世界观、人生观和价值观打下基础。家庭不和谐会导致孩子的承受能力较弱,在遇到困难时往往选择逃避,并试图在网络虚拟世界中找到安慰和自我满足。因此,父母应该选择合适的教育方式,妥善处理家庭关系,营造温馨和谐的家庭氛围,将孩子从电脑和手机中解放出来,使孩子把更多的精力投入现实世界的探索和文化知识的学习中。

五、数据信息良莠不齐,影响学生的价值观

信息污染作为现代文明的新名词,伴随着知识经济产业的诞生迅速发展起来。当今的时代是科技高速发展、信息迅速传播的时代。中学生处于信息环境中能较好地了解科技的发展,接受教育。但由于现代信息工具的普及,信息来源日益变得更加广泛,这些信息未免泥沙俱下、鱼龙混杂;加之中学生幼稚单纯,阅历浅,鉴别能力不强,缺乏正确的认识和真切的体验,缺乏足够的自制力,如果其内容未经绿色化,那些不良的信息必将对中学生产生深远的影响。

首先,中学生的道德观念尚未完全形成,很容易受不正确的道德观的影响,往往在丧失约束的状况下放纵自己的行为。其次,中学生的人生观和世界观尚在形成中,容易受到异化思想的冲击,使自己的思想、行为趋于自由化和个体化,传统的文化观念受到强烈冲击,民族虚无主义悄悄蔓延,爱国情感在

失落,不能不引起我们的高度警觉和关注。最后,网络对中学生的品德行为有重要的影响。传统的道德行为受到生活环境中人和社会舆论的监督,是一种外在监督式的道德行为;而网络行为具有隐蔽性,与生活中的行为相比,网上行为特别具有独立性。这种网络行为主体的相对隐蔽性,使中学生有机会尽情地驰骋于网络世界,自由地释放自己,似乎可以不受现实生活中道德准则和社会规范的约束,这无疑将严重扭曲青少年的人格,酿成危害。

从总体上来看,当前的社会环境是有利于学生健康成长的。但是,网络中的一些不良信息的影响和诱惑是学生产生过错行为的重要因素。一些不良信息和风气伤害了青少年儿童的纯洁心灵。有的人互相攀比,大搞不正之风,明哲保身,对坏人坏事不闻不问。一些武侠小说、黄色书刊,不健康的影碟、影像、情调低下的歌舞,以及当今网络环境中新生事物的不良信息,对中学生的影响已较为突出。

调查显示,长期处于海外网络信息环境的中学生,其世界观及价值取向势必会受到这些国家和地区文化特征的影响。而对中华传统文化的内涵则知之甚少,爱国热情大打折扣。更有甚者,随着网络应用的日常化,因沉溺于网络环境不能自拔而产生上瘾问题,已经成为现代社会新的心理问题。这种“互联网成因综合征”,有时也简称为“网瘾”或“网痴”,影响正常的生活与学习状态,是一种心理异常的新型疾患。不良网络信息对中学生自我发展造成了巨大的障碍,同时也剥夺了自我发展的必要现实条件。中学生在本能的欲望冲动与现实的社会制约及道德规范之间无法达到平衡,其人格结构的和谐统一受到影响,导致人格发展障碍,出现各类心理问题。

近年来,网络的虚拟性为我国网络文化出现的“泛娱乐化”倾向提供了温床。这种“泛娱乐化”倾向在某种程度上造成了颠覆社会主义道德标准、混淆判断是非尺度的极坏影响,所以一定要加强网络立法,建立健全与网络相关的法律法规。国家教育部门、网信部门目前正不遗余力地推行信息纯净工程、绿色工程,让信息也绿起来,树立人本主义思想,相信这些措施能为中学生提供一个洁净的网络环境。

第十章

不善于调整学习方法

事物都是变化发展的,人们的思想和对事物的认识也是随着事物的变化而变化的。这个规律大家都知晓。一个孩子从小学甚至幼儿园开始,就接触较为系统的学校文化知识的学习,接触学校的教育教学方式,随着年龄的增加,学习的知识越来越丰富、越来越深奥,学生就需要不断调整改进自己的学习认知方法,以适应所学习的内容。

一、学习方法的延续性

人们对事物的认识有一定的规律性,从简单到复杂、从表象到内涵、从生动的直观到抽象的思维,并从抽象的思维到应用,这就是认识真理、认识客观存在的辩证的途径。

有关研究学者认为,认识包括感性和理性两种形式,这两种形式的认识都要在实践的基础上产生,都是对于客观世界的反映。

感性认识是人们的感觉器官直接感受到的关于事物的现象、事物外部联系的认识。它具有直接性、具体性的特点。感性认识有感觉、知觉、表象(观念)。感觉反映的是事物的个别特征,是大脑通过眼、耳、鼻、舌、身五个官能与外界事物直接接触而产生的认识,它是意识对外部世界的反映,是意识和外部世界的直接联系,是感性认识的起点,当然也是整个认识的起点。

知觉是在大脑中把有关事物的感觉组合在一起而形成的整体的感性形象,它是比感觉高一级的认识形式。

表象(观念)是大脑对于过去的感觉和知觉的回忆,是感性形象地再现,但仍是对于客观对象的形象化的认识,是感性认识的形式,只不过是它的最高形式。感性认识的三种形式已经体现出由部分到全体、由低级到高级、由直接到间接的发展趋势,但无论哪一种形式都没有超出对事物现象认识的范围。感性认识的特点是直接性,即直接感受性。

从认识的主体来看,人们对客观事物的认识总要受到主观条件的限制,所以一个孩子认识世界就是从感性认识开始的。孩子长大些,开始上学了,他们对事物的认知能力也有了提升,有了一定水平的思维判断,但绝大部分时候还是靠感性认识了解周边的事物,所以小学生的课本是浅显易懂的,这符合人们认识事物的规律：由表及里、由浅入深、由主到次、由现象到本质等。

因为学习内容的简单及学生认知能力的有限，所以小学的教学方法主要应用直观性（例如学习3＋2＝5，就会拿来苹果让学生数）、感知性（例如图画）、感受性（例如老师想让学生感知文章的内容，就非常有感情色彩地阅读，外加一定的表演性）、反复性（例如记忆一个字、一个公式，要求学生反复背诵书写）等。

升入初中，教学内容有了一定的加深，学生的认知水平有了大幅度提升，但这样的教学手段依然在使用，因为这种认知手段有它的优越性，即直接性。另一个重要原因是，初中教学内容较为浅显，这样的教学方法加上老师的反复讲解，大多时候就能解决问题。在初中阶段的学生，直接的记忆还是一种很重要的学习手段。这个阶段需要解答的问题大多时候也是"是什么"的层次，学生把记忆的内容直接写在作业上或试卷上，大多时候就能解决问题。初中阶段的数学知识需要一定的思维能力，但是，学生只要记牢公式定义什么的，稍加思考，也能取得不错的成绩。那些初中数学出色的学生，往往得到了一定程度的思维训练，是比较容易进入高中学习阶段的状态的。

专家指出，理性认识依赖于感性认识。理性认识是更深刻、更正确、更完全的认识，但它不是凭空产生的，而是在获得大量感性材料的基础上经过科学的抽象思维而形成的，没有感性认识就不会有理性认识。从认识发展的阶段性上看，理性认识是认识过程中的高级阶段，感性认识是低级阶段。高级阶段是建立在低级阶段基础上的，因而理性认识建立在感性认识的基础上。从理性认识的形成来看，理性认识是要通过对感性认识进行加工制作来形成；没有感性认识，理性认识就没有加工制作的材料，因而无法形成。从理性认识的内容来看，本质存在于现象之中，必须从现象中发现本质，感性认识所包含的现象中有本质存在，理性认识正是从感性认识中或者说透过感性认识而发现事物的本质的。因此，理性认识依赖于感性认识；离开感性认识，理性认识就成为无源之水、无本之木，成了主观自生的东西了。

所以，学生进入高中阶段的学习，保留原来的感性学习模式是必须的，无论是对新知识的初步记忆、接纳和了解，还是对一些客观存在、人文类知识的学习，都是有益的。

二、学习方法的变化性

随着条件的改变和时空的推移,事物的复杂性要求人们关于它的正确认识程度也要发生变化。感性认识的特点是直接性,即直接感受性,这既是它的优点也是它的缺点。其优点在于它是对事物的直接反映,这是它的可靠性所在,也是它之所以成为认识过程的起点、成为理性认识的基础的原因。其缺点在于它只是对事物外部现象的反映,这是它的局限性所在,也是它必须上升到理性认识的原因。

专家指出,认识必须由感性上升到理性,这是由认识的目的和任务决定的。从感性认识自身来看,它所认识的只是事物的表面现象,未深入事物内部去,这种认识是肤浅的,因而有待于深化。从认识的任务来看,认识是为了揭示事物的本质,为了完成认识的任务,就必须使感性认识深化为理性认识。理性认识必须在感性认识的直接性、表面性的基础上,提取其中一般性、本质性的东西,形成从个别到一般、从感性经验到理性的飞跃。

感性认识和理性认识的根本区别在于,感性认识反映事物的现象,理性认识则反映事物的本质。实现由感性认识上升到理性认识必须具备以下条件:一是必须占有十分丰富和合乎实际的感性材料;二是能运用科学的思维方法对感性材料进行加工制作。即学会用分析与综合相结合的方法来把握事物的本质,透过提供的感性材料上升到理性的本质认识,实现认识由低级阶段到高级阶段的飞跃。

学生进入高中后,学习任务就上了一个新台阶。新的教材、新的教学要求绝不同于初中时期。高中阶段,学生对知识的认知不再停留在"是什么"的层次,而是要知道"为什么",并在知道知识内涵的基础上解决问题。这就在刚进入高中的学生面前摆下一道难关,需要他们较快地调整自己的学习认知方法,以适应高中学习的需要。有的学生在初中时学得很不错,学习成绩很好,可是到高中后却很不适应,听不懂,学不会,成绩甚至很差。为什么呢? 就是因为没有根据高中学习的特点及时转变自己的学习方法。

案例一

　　李彤，一个安静爱学习的女孩，性格平和，和同学的关系很好，爱整洁有条理，字写得很漂亮，中考成绩也很好，又不爱表现自己。很快，教语文的高老师就喜欢上了她，让李彤担任自己的语文课代表。

　　高一刚开始，李彤的成绩很出色，她听课认真，笔记写得很详细。第一次月考，成绩在班里前五名，高老师很高兴，多次向别的老师夸赞她的课代表工作认真，成绩出色。

　　一般高中刚开始的第一个月，老师们为了给学生一个适应高中学习生活的过程，教学节奏是放缓的。第二个月开始，高中生活一切就绪，学生们大多也适应了高中的学习，所以教学节奏就紧凑起来，教学内容也多了起来。

　　第二次月考的时候，李彤的成绩滑落得很厉害。高老师也和班主任聊起这事，老师们看李彤学习很用心，考虑或许是考试状态不好等因素造成的成绩不理想。虽说如此，班主任老师还是留意了李彤的学习状态。班主任观察到李彤上课时很认真听课，尤其作业写得很认真，写字时常常用尺子压在作业纸上，以保证自己的字写得直，写完作业还经常订正答案，错的地方自己纠正过来。这样的学习态度，为什么成绩不好呢？

　　接下来的周测，数学老师对班主任说，李彤的成绩很差，不及格。班主任了解到，她的物理成绩也很不理想。到了期中考试，李彤的成绩在班里中等偏下。班主任研究李彤的成绩单，发现她的英语成绩最好，还很出色，其他偏文一些的学科成绩还可以，但偏理的学科成绩就很差。

　　班主任找来李彤，想和她聊聊，还未说话，李彤的眼泪先流了下来。她说，自己学习很用心，可是成绩越来越差，感觉有些学科越来越听不懂了。她说："我觉得自己越来越笨，我比同学们还用心，就是成绩上不去。"班主任问："上课能听懂老师讲的内容吗？"李彤说："大多能听懂，可是我一做题，感觉那些题我都不会做。老师上课讲作业，我也觉得知道了；可是，接下来的题还是不会做。"李彤越说越觉得委屈。

　　班主任让李彤找来自己的物理试卷，找了一道她做错的题目，问她："老师讲过了吗？"李彤说今天上课刚讲了。老师问："感觉会了吗？"李彤说听会了。班主任要求李彤给自己讲一遍。李彤认真地想了想，题目没有推进两步，李彤就进行不下去了，她告诉老师："我忘了物理老师怎么讲了。"班主任看着她，就问她刚讲过的一步,为什么要那样解决。李彤想了想,说:"老师是这样讲的。"

班主任问李彤,课上笔记都记些什么,她说:"老师讲的话我都会记下来。""是不是记笔记的时候,顾不上去思考老师的话是什么意思呢?"老师问。李彤说,自己常常只顾着记笔记,就不知道老师到底讲什么了。

班主任明白了,阻碍李彤学好高中文化知识的因素至少有两个:一是听课依然停留在"是什么"的层次,而没有思考"为什么"。所以,她好像听清了老师的话,却没有理解知识的意思、内涵,因而没有应用的能力。二是听课的方法没有改进。她只是把老师的话记下来,而没有去领会老师讲课的思路、推理过程、知识的应用条件等,甚至没有弄清记笔记的目的,只是忙着做笔记,而没有听懂老师所讲内容的内涵,没有明白得到结论的逻辑推理过程,所以不可能拥有应用知识的能力。

高中教材内容与初中的比较,至少有以下五个特点。

①知识量增大。高中学科门类与初中差不多,但高中的知识量比初中的大得多。

②理论性增强。这是高中教材区别于初中的最主要的特点。初中教材有些只要求初步了解,只做定性研究,而高中则要求深入理解,做定量研究,教材的抽象性和概括性大大加强。如果提高到高考要求,那层次就更高一些,这就要求学生在理解所学知识的基础上,从所给材料中提炼信息,综合利用所学知识,去解决问题。这就不仅要求学生熟悉知识、牢记知识,还必须理解知识的本质内涵、联系,经过迁移,正确应用知识。

③系统性增强。高中教材由于理论性增强,常以某些基础理论为纲,根据一定的逻辑,把基本概念、基本原理、基本方法联结起来,构成一个完整的知识体系。知识的前后关联是其一个表现,知识结构的形成是另一个表现。因此高中教材知识结构化明显升级。另外,由于知识量的增大,教材在设计上常常以典型的个例为出发点,以点带线,要求学生延伸推延,在掌握个性的基础上找到共性,掌握一类物质的性质。

④综合性增强。学科间知识相互渗透,相互为用,加深了学习难度。

⑤能力要求提高。在阅读能力、写作能力、运算能力、实验能力等方面,需要学生进一步提高自己。

所以,高中教材的这些变化与能力要求的提升,对高中生也就自然提出了更高的学习能力要求,包括观察力、记忆力、思维能力和想象力,这就要求高中学生在相应方面有很快的发展。①认识事物时,要更加全面和深刻,要更有目的性,能区别出主要的和次要的。②要求记忆以逻辑识记为本,力求在理解的基础上抓住教材内在联系,进行记忆。③运用概念、判断、推理来进行逻辑思维。同时要独立思考问题,研究问题。④想象力要有较大发展,把抽象问题具体化、形象化。

因而,高中生对待学习的态度、学习的思路方法,要在原来的基础上再进行必要的调整。

(1)提高学习的心理素质

①明确学习的目标。学习需要动机,学生需要产生学习的内部自驱力,这很重要。只有强化学习的目标性,激起学习欲望,才会从自己学习的成果中受到鼓励,从而增强自信;才会在学习中受到挫折时,勇于调整状态,再战再干,拥有不甘失败、努力进取的精神。

②培养学习的兴趣。浓厚的学习兴趣与效率有密切关系,好奇心和求知欲可以激发学生的学习兴趣。一名学生,往往是在刻苦学习后,才发现知识的奥秘和用途,才能提高学习成绩,所以一定要钻进"书海"去;把知识应用于实践,激发兴趣,用自己所学的知识分析、解决问题后,那种成功感易激发学习兴趣。

③拥有积极的心态、坚毅的意志。将积极的情感与学习联系起来,防止消极情绪的滋生,可以促进学习。善于控制自己,是学习意志力培养的关键。控制和约束自己的行动,控制想法和情绪,可以使思想集中到学习上来,这点是很重要。

(2)掌握科学的学习方法

①重视预习。通过预习找出重点、难点,分别标记下来,这样听课时就有了目标性。

②学会听课。听老师讲课是获取知识的最佳捷径,老师传授的知识和思路是其长期学习和教学实践的精华。所以学生要保持课内集中注意力、精力旺盛、头脑清醒,认真观察、积极思考,不要做一个被动的信息接受者,要充分调动自己的积极性,紧跟老师讲课的思路,抓住老师讲课的重点,充分理解、掌

握知识或理论的本质。养成做好课堂笔记的习惯。笔记,一份永恒的笔录,可以克服大脑记忆方面的限制,以便在课后充分思考理解和消化。注意和同学、老师的交流,和同学们的探讨,及时向老师请教解决疑惑,都是促进学习的好途径。

③及时复习。德国教育学家第斯多惠说:"必须时常回到所学的东西上而加以复习……牢固地记住所学会的东西,这比贪学新东西而又很快忘掉好得多。"课后回忆、重读教材、整理笔记、查看参考书,这些都是掌握所学知识并对所学知识加深认知的好方法。

(3)努力提升理性逻辑思维能力

高中教学对学生掌握知识的要求,不再是表面化,不再是简单的记忆、知道,而是要求学生在掌握知识的基础上,对知识有真正的理解,利用知识解决问题。这就要求学生在听课时,注意知识点的内涵及知识间的联系,注意思考分析,理解知识的本质及存在条件。作业是提高思维能力、帮助掌握知识、提高解题速度的途径。通过审题、分析问题、解决问题,可以提升理性逻辑思维能力,巩固检验自己掌握的知识。

有一位教师,把科学的学习方法编成歌谣提醒学生:课前要预习,要把重点找,问题列出来,听课有目标。听课要专心,动脑多思考,疑问记心间,笔记要扼要。温故才知新,消化细咀嚼,重视做作业,逻辑推理最重要。

认识过程就是在实践的基础上由感性认识能动地发展到理性认识,又由理性认识能动地指导实践,实践、认识、再实践、再认识,循环往复直至认知成为自己的一部分。

总之,优化心理素质,树立在高中学习中攻克难点的信心与勇气;掌握科学的学习方法,建立寻找正确答案的战略技术;提高理性逻辑思维能力,强化攻关克坚的武器,三者缺一不可。

三、学习的终身性

现在的社会,人们称为知识化的社会,不只是人们掌握的知识急剧增加,知识量本身也迅速膨胀,终身学习已经成为必需。所以,现在的社会,也称为学习化的社会。学习化社会是近年来国际社会刚刚出现的概念,其实,早在1972年富尔向教科文组织提交的报告《学会生存》中就已经提出"终身教育"的思想。但是那时的概念与现在有很大不同,现在概念下的终身学习,有三个根本特征:一是更加强调学习的终身性。二是提出了学习的全民化。三是突出了学习的主动性,学习行为由被动接受教育,变成主动学习。

终身性学习有着时代发展的背景需求。首先,科学技术在 20 世纪突飞猛进地发展,使产业结构发生了巨大的变化,新兴行业不断涌现,传统行业逐渐萎缩,人们不可能在最初的工作岗位上从一而终。其次,知识的增长和更新,使学校教育无法为学生提供满足终身需求的知识,初始教育只是就业之前的必要准备,只有不断学习才能适应未来的工作和生活。最后,企业或用人单位对人的要求不仅看重知识的掌握,而更加看重各种能力,甚至是为人处世的行为方式,而这些能力和行为是单纯学校教育难以实现的。

学习化社会和终身学习是延续了个体人一生的教育理念,使教育成为贯穿人生始终的活动。学习化社会和终身学习,最终都是出于人的发展和社会发展的需要。学习化社会和终身学习要成为人类日常生活的一个重要组成部分,随着信息社会和知识社会特征的逐渐显现,随着现代信息技术诸如网络等的普及,学习化社会和终身学习具有较为乐观的前景。这也是世界各国关注和重视学习化社会建设的重要起点和基础。同时,终身学习不是一种外在的被动式学习,而是从学习者自身需要出发的一种主动、自愿的学习,在此意义上,也要充分体现出学习者的主体性地位。

因而,学会学习,让自己的学习观念和学习方法紧跟环境的需求,不仅是学生时代的需求,还是一个人一生的需要。

四、学习对象与学习方法的和谐统一

理性认识是借助于抽象思维所把握的关于事物的本质、事物的内部联系的认识,它具有间接性、抽象性特点。理性认识的形式有概念、判断、推理。概念是对同类事物的共同的、一般的特征的反映,任何概念都是在概括,都是超出感性的直观。因此,概念的形成标志着认识上的质的飞跃。判断是对于事物之间的联系跟关系的反映,在逻辑形式上表现为概念之间的联系或关系。推理是从事物的联系或关系中由已知合乎规律的推导出未知的思维活动。理性认识的这几种形式是相互联系的,是综合地起作用的。

理性认识的特点是它的间接性即抽象,这既是它的缺点又是它的优点。缺点在于它是对事物的间接反映,要以感性认识为中介,靠抽象概括而完成,这就脱离了现实,离开了事物的本来面貌。优点在于它是对事物的本质及事物的内部联系的反映,能够更深刻地反映事物。理性认识的抽象性是就其反映的形式来说的。

从内容上说,它也是对于事物客观存在的反映,无论概念、判断、推理都有它们的客观原型。同类事物中客观存在着的共同的东西是概念的原型,事物之间客观存在着的联系或关系是判断的原理,客观过程之间的联系、过渡和推移则是推理的原型。

感性认识和理性认识既然是统一的认识过程中的两个阶段,那么它们就是不能截然分开的。在实际的认识过程中,既没有纯粹的感性认识,也没有纯粹的理性认识,二者是相互包含、相互渗透的。

一个人如果只进行理性的推断、逻辑的推理,而忽略了利用感性的直观认知,也会进入认知的泥潭,给自己理解和接受新知识带来很大的麻烦。

案例二

白露,性格很执着,很友善,特别爱学习,尊敬老师,热爱学校。我刚刚担任她的老师时,她的成绩比较差,一直排在班里的后十名。让我很快记住她的原因,不是她每节课后必来向我提出问题,而是她提出的问题不同寻常。很快,我就养成一种习惯,一下课我就站在讲台下等候,没有回答白露的问题,我不会轻易离开,除非另一个老师到来要上下一节课。

白露的问题很奇怪,很不同寻常,就如有些老师说的,从来没有见过像白露这样提问题的。她每天有太多的奇怪提问,让老师们很是气馁。

白露的问题总是"为什么呀?"每一个新知识的出现,在白露看来都是奇怪的,"怎么会有这样的事呢?"举个通俗的例子,教"碳在氧气中能燃烧生成二氧化碳"。白露就会问:"为什么呀?为什么碳能在氧气中燃烧?"当然,我可以给她再深一层解释,她就更奇怪了,我再给解释。直到最后,我会告诉她,这也是我们能感受到的事实,她才不情愿地离开。

我的耐心赢得了白露的信任和依赖。她常常问我:"老师,从初中开始,老师们就说我爱钻牛角尖,提出的问题奇怪。您觉得呢?"其实,她的问题不是爱钻牛角尖,而是缺乏接受感性认知的能力和意识,我已经很尽力引导她的思想了,但这不是一日之功,她多年的思维习惯不是短时间内能改变的。所以,我说:"你只是爱思考问题罢了。"

不久,白露又找到我,"老师,我做题总是很慢,我很用功了,还是比别人慢,有时候就不能完成作业。"是真的,白露很用功,会抓紧零星的时间学习、写作业。我说:"嗯,你可以尝试一下,如果一个知识你是会的,并且知道如何应用,不妨就用下去,不要想太多,速度或许就上来了。"她答应着。白露很可爱,即使同学们或老师对她露出一些不耐烦,她也并不计较,照样虚心请教。

白露又和我说一个问题,她说:"我提出的问题同学们好像都知道,是不是我很奇怪啊!"我笑着说:"没有,就是爱思考罢了。"她说:"我觉得同学们很奇怪,问题不弄清楚,只知道做。"我笑了:"或许,同学们是在解答问题的过程中慢慢体会呢。你也可以尝试,那些不影响你解答作业的问题,是不是也可以在学习和做作业中体会呢?"

白露的成绩一直不好,她很努力,可她的那些怪想法还是在作怪,她不能平心静气地接受一个新概念、一个新定律等。有一天,白露非常高兴地跑来,拉我到无人的地方。"老师,我告诉你一个好消息",她非常激动,"今天考试,有一题我会,同学们都不会,因为我认真思考过!"是的,高中的知识大多时候都需要理性的逻辑推理,尤其她选择了理科班。所以,正确的引导使她能掌握那些重点知识。她锲而不舍地把问题弄清楚,这对她是大有益处的。

不久,我找到合适的机会和白露进行了很长时间的一场交流。在肯定她遇到问题时追求"为什么"的精神的前提下,我提醒她,对事物的认识,除了理性的推理,还要有感性的认知,例如身体感受到的存在、眼睛看到的现象、自然界的真实存在等,我们应该接受那些新知识;对于一些别人发现的客观存在,例如身体的器官位置安排、植物的结构组成等,我们应该先接受下来,再随着知识的增长去探究为什么。她慢慢体会着,我知道,她的改变不是一朝一夕的事情。

进入高三以后,白露的变化就体现出来了,老师们也都发现了她的变化。

她的心静了,上课时有了对新知识的点头认可和接受,有了认真的思考,而不是一听什么就睁大眼睛、坐直身腰,急急地问"为什么"。她经常悄悄地到我身边,告诉我她感觉好多了,近来成绩进步了,她很高兴。

总之,理性认知离不开感性认知做基础,实现由感性认识到理性认识的飞跃,是要在获得十分丰富的正确的感性认知材料的基础上,经过一系列逻辑的思考和创造性的想象,形成有概念、判断、推理所构成的理论体系。显然,这是一个能动的飞跃过程,它充分体现了认识过程中能动的性质,也要求认识的主体充分地发挥自觉的能动性。

感性认知也好,理性认知也好,都是人们认识事物的手段,是我们学习认识新事物的依据,利用感性认知的手段更多一些,还是利用理性认知更好,都源于我们要认识学习的事物本身,让学习对象与学习方法达到和谐统一,才能达到最好的认知事物的目的。

第十一章

不良的生活习惯与娇弱体质

一、良好生活习惯的重要性

由于当今社会普遍存在对独生之女的娇生惯养、学校对学生的引导不当等诸多因素，当前学生的生活习惯普遍较差。必要的食物和合理的生活习惯可以促进青少年学生发育良好，体质强壮，情绪乐观，并能预防成年期的某些严重疾病，继而提高学习效率。不仅如此，培养良好的生活习惯也是一种素质教育。

生活能力强的孩子，都有一定的爱心和感恩心。因为他们有一定的生活体验和生命感悟，孩子在做事过程中最能体会到父母的辛苦，也最容易理解劳动者的艰辛。一个热爱生活的孩子，往往能沉下心来做事情。通过周而复始地做事，他就得到了一定的磨炼，就获得了一定的定力，他的意志就会比较坚强。任何人有了坚忍不拔的毅力，他的人生砝码都会加重许多。

一个意志坚强的人，生活上会越挫越勇，学习也会迎难而上。能把小事做好，无形中就培养了孩子的责任心。一个有责任心的孩子，知道对自己、对父母、对老师、对学校、对社会负责任，知道为什么学习、为谁学习，他的求知潜能定能被最大限度地开发出来。有责任心会让孩子成为处处受欢迎的人，责任心将给他的成功人生添彩助力。

一个孩子总是把各种事情做得井井有条，就会得到父母的赏识，也会得到自己的认可，就会产生成就感、增强自信心。孩子把这份自信心带到学校、带到社会，还有什么困难不能克服？还有什么挫折不能战胜？

能把生活中的事情做好的孩子，动手能力肯定强。一个经常动手的孩子，智力也在不断开发，肢体和大脑的协调能力也在不断增强。动手能力强的孩子，实践能力也一定强，创造能力也必然强。一个孩子具备了这些能力，在大力提倡素质教育、提倡动手能力和创新能力的今天，你还愁他在学校不受欢迎？你还害怕他不能取得好成绩？你还愁他进入社会没有竞争力？

所以，良好的生活习惯不仅能强身健体，使学生远离疾病烦恼，有更多精力投入学习，还能培养学生多项综合实践能力，使学生以后更好地在社会上立足，保证有与其他人竞争的资本。但是由于目前信息技术的发达，手机、电脑普遍存在于高中学生的生活中,这导致部分学生沉迷网络,生活作息、饮食习惯不规律,身体缺乏必要的营养和休息,智力发展受到影响,给日后的学习生活造成了比较大的隐患。

二、不良的饮食习惯对学生的影响

目前高中学生的主要饮食问题由之前的食不果腹转变为不健康饮食导致的智力发育迟缓。虽然食物的摄入量对初高中学生的学习、生活至关重要,但如今被学生们广泛欢迎的许多食物,实际上都在妨碍他们的学习能力。因为很多食品中含有大量的糖、咖啡因、钠,这使得学生非常容易出现疲惫、注意力不集中、紧张不安和生病的情况,不仅影响了学生们的成绩和表现,更对他们未来的学习习惯塑造、智力发展产生了不可磨灭的影响。

神经科学学会最近的研究表明,高饱和脂肪、高糖、高钠的饮食会对大脑颞叶中的海马体造成实质上的影响。不幸的是,含有大量此类成分的食物往往是学生最喜欢吃也最容易买到的,包括炸薯条、甜点、汉堡、炸鸡块、比萨等。快餐饮食会非常快地使孩子们吸收,其中的成分会影响他们的智力发育,并对其记忆力有一定的影响。

从本质上说,葡萄糖来自碳水化合物,虽然葡萄糖是人体需要的至关重要的能量,但葡萄糖过高实际上会导致身体机能下降。当葡萄糖被摄入时,身体释放胰岛素来处理新获得的食物。正常情况下,餐后,葡萄糖水平应该轻微上升,摄入营养后身体应该感到精力充沛。

但是目前,摄入高糖、高饱和脂肪饮食的儿童和成人都在陆续经历餐后"崩溃",即因葡萄糖摄入量过高,身体在处理所有食物时,其他活动开始停止运转。在餐厅里最受孩子们欢迎的食物,通常包括面包、油炸食品、甜食和汽水,这些饮食会导致孩子们注意力严重下降。不正常的高糖饮食会对肾脏、眼睛、血管和神经造成损害。除此之外,高糖饮食也会导致易怒、嗜睡和注意力不集中、营养不良等情况的发生。

奇怪的是,在物质生活日益改善的情况下,营养不良的孩子数量仍居高不下,这并不是意味着缺乏食物,而是因为孩子们虽然摄入了大量的卡路里,但是并没有摄入身体所需的各类维生素、矿物质，大量的糖分和饱和脂肪导致孩子们身体和智力发育迟缓。

长期的不良饮食，不仅让学生的智力及整体身体素质受到影响，更可能引起身体器官的功能减弱。

案例一

吴晗，家庭条件很好，父亲忙于工作，母亲对他的关照无微不至，吃穿住行，母亲样样都挂记在心。看起来，吴晗白白净净，他的性格也好，整日笑眯眯的，见到老师就一种亲近的样子，对老师很尊敬。从小被照顾得很好，加之优越的家庭条件，吴晗身体舒展，有一种淡定、从容的气质，让人一看就喜欢。

刚报到，同学和老师们就很喜欢他。他是班里的积极分子，对同学和班里的事务都上心，上课表现活跃积极，平常乐于帮助同学，参加各种班级活动，各科老师都夸赞他是个可爱的孩子。班主任老师也很喜欢，想着培养一段时间，可以让他担任班干部，承担一些班里的管理性事务。

可是开学还不到三个星期，吴晗的状态一下就变了，人没精神不说，总爱趴在课桌上。任课老师向班主任反映，说吴晗近几天总是听课走神，总爱趴在课桌上。班主任找吴晗了解情况，才知道他的胃病犯了。

吴晗的胃病经常犯，吃药也不太管用，坚持几天后，总要在家休息几天才能好。高中的知识很多，教学进度也很快，每一章每一节的教学老师都会加深教学内容，提升学生们对知识的认识水平，强化对学生的训练。吴晗总是请假，这自然就影响了他对知识的理解，他还是爱学习的，请假在家时，他也会看书学习，但是，时间一长，和同学的差距就显现出来，吴晗也很着急。

到高二的时候，可能由于学业的压力越来越大，吴晗的胃病更厉害了。他早晨已经不能吃饭，一吃饭就会吐，请假的频率越来越高。班主任看在眼里，也记在心上，便约来了吴晗的妈妈，想聊一聊给吴晗认真看病调养胃的事。

班主任了解到，吴晗小的时候胃口很好，吃得很多，还特别爱吃零食。上学后，放学的路上他一路要吃好多小吃。夏天还好，冬天的小吃冷热不好把控。另外，吴晗的妈妈接他回家时，也会给他带一些零食，让孩子高兴。久而久之，吴晗越来越不喜欢吃饭，早晨起来就要以零食、饮料、咖啡等为早餐。进入初中后，早晨吴晗草草带些零食就去学校；下午放学后，还常常约同学去吃各种小吃。回到家的吴晗常常没有吃饭的欲望,只吃几口就饱了。可是晚上睡觉前,吴晗又饿了,他就吃些面包,喝点牛奶什么的。开始,吴晗的妈妈睡前都给儿子热牛奶,可是,习惯晚上吃东西的吴晗,常常还会自己再吃些东西,也不和妈妈打招呼。

还没有升入初三,吴晗就开始常常胃不舒服,消化不好,经常不爱吃饭。后来,吴晗就开始闹胃疼,去看医生,吃药,治疗一段时间,胃病就好些,但一直没有治愈。

经常闹胃病,吴晗不仅没有精力担任班干部、辅助管理一些班级事务,连保证学习的时间都成问题。加上身体不舒服,人的精神较差,常常不能集中精力,学习成绩下滑就成了必然的结果。高三,学习更加紧张,学业压力更大,吴晗感到非常吃力。

高考成绩不理想,吴晗选择了复读。吴晗还是爱学习的,心里有自己的理想,只是在学习的过程中,胃病成了他的绊脚石。

三、较差的睡眠质量对学生的影响

社会整体学习压力的提升导致目前高中学生出现了大量睡眠不足的状况,加上手机、电脑等电子设备的影响,学生熬夜、晚起的情况越发严重。科学家研究发现,人睡眠后感觉信号的输入和动作信号的输出都会同时中断,但记忆系统却仍活跃着,睡眠的主要功能之一是处理记忆。

在记忆过程中,不同的神经细胞同步发出电子脉冲,从而使这些细胞联系在一起,实现了记忆。人在深度睡眠期间,大脑中会产生一种生物电波,其生成机制和记忆产生的机制相似,起到了强化记忆的作用。美国心理学家詹妮弗发现,"夜猫子"睡觉晚,但早上却必须早起上课,他们比早睡早起的学生每晚少睡41分钟。学生学习以记忆为主,而睡眠缺失使记忆形成的能力下降,这很可能是他们大多成绩差的原因之一。

理论上,高中生平均每天需要近9小时的睡眠,才能保证学习效果。然而调查发现,高一学生睡眠时间平均为7.7小时,高二学生睡眠时间平均仅为

6.78 小时,高三学生晚上普遍近十二点才睡,甚至一些高三学生有时通宵不睡。从高一到高三,学生的睡眠时间在逐渐减少。理科生的睡觉时刻从十点半逐渐推迟到凌晨,睡眠不足导致次日精神困倦,影响听课质量。在上下午的前几节课尤其是上比较单调的课时,一些同学昏昏欲睡。有人就利用上某些课和下课的时间补睡一下,希望下一节课可以不再睡觉。期末复习时,有些勤奋的同学喜欢喝咖啡提神。另一些同学为了早点睡,分秒必争,把所有下课时间甚至上课时间用来做作业,课外不做其他事,一心只读教科书。有些不太勤奋的同学就选择舍弃一部分作业。

睡眠不足会隐性侵害中学生的健康,上课时经常出现学生注意力不集中、打瞌睡现象。就目前情况看,学生睡眠不足还会随年龄、年级的变化而加重,这会影响未成年人体格和神经发育甚至身心健康发展。在许多班级,许多学生因长期睡眠不足而出现青春期情绪波动,经常烦躁不安,其中患抑郁症的比例也很高。研究认为,人所需要的睡眠时间会因年龄不同、个体差异、外界环境的不同等而不同。中学生睡眠不足,不利于他们身体、心理的健康成长。

在身体方面,睡眠不足对大脑、身体器官的发育都会有影响。比如长期睡眠不足可能导致视神经、脊椎发育不正常,会导致免疫力下降,经常生病。在心理方面,睡眠不足的学生易出现情绪低落、压抑、焦虑、急躁、不好动、兴趣不广泛等,心理上的反常表现反过来也会影响睡眠,导致入睡困难,形成恶性循环。每年的高三复习期间,同学们普遍睡眠严重不足,很多同学感到心情压抑,一些同学会感到焦躁不安。

另外,睡眠不足还会导致难集中注意力、产生"假记忆"的情况。睡眠的缺乏,会导致记忆编码不足,从而使人不能集中注意力。德国的神经科学家近期做了一个"假记忆"的测试。参加试验的学生被要求先学习一连串的单词,如声音、钢琴、乐队、音调、歌曲等。然后,一半学生去睡觉,一半学生则继续保持清醒。33—44 小时后,让这些人进行单词辨认。测试时,在单词中加入了与所学单词意义相关,但并未出现过的词,比如"音乐"。结果,那些睡眠被剥夺者认为"音乐"出现过的比例,远高于睡眠充足的人;而且,他们对自己的判断很有信心。研究者认为,这个结果显示睡眠被剥夺确实会影响记忆固化的过程,从而令睡眠被剥夺者形成了原本并不存在的记忆——"假记忆"。

睡眠不足还会严重影响学生的判断能力。美国的得克萨斯大学的研究人员选取了 49 名军校学员,要求这些人分别在睡眠充足及不足的情况下完成所谓的"信息整合"型任务,即凭借对已有信息的整合分析,迅速做出相应决断。结果发现,睡眠不足时,他们完成信息整合任务的准确性,会比正常情况下降低 24%;而睡眠很充足时,准确性会比正常情况下提高 4.3%。为何睡眠不足会降低人的信息整合能力,从而导致决断失误? 其中有个原因是大脑有关区域在缺觉的情况下会自动关闭。

曾有科研人员把 24 名学生分成两组,先让他们进行测验,结果两组测验成绩一样。然后,让一组学生一夜不睡眠,另一组正常睡眠,再进行测验。结果没有睡眠组学生的测验成绩大大低于正常睡眠组学生的成绩。由此,科研人员认为,人的大脑要思维清晰、反应灵敏,必须有充足的睡眠,如果长期睡眠不足。大脑得不到充分的休息,就会影响大脑的创造性思维和处理事物的能力。我们的学生如果每天都存在睡眠不足的问题,这不但会对他们的身体和心理健康造成很大伤害,而且他们的大脑会一直处于疲倦和不活跃的状态。这样下去,学习效果就可想而知了。

案例二

李智初入高一,他是班内的佼佼者。在第一次摸底考试中,他获得班内第二名的成绩,上课表现活跃积极,老师提出的问题基本上都能对答如流。他平常乐于帮助同学,参加各种班级活动,各科老师都夸赞他是个既聪明又努力的孩子,家长和老师都对李智寄予厚望。但是在步入高一两个月后,他的学习状态发生了一定的变化。根据任课老师的反映,在上课时逐渐听不到李智的声音,有时课上的提问他也回答得含含糊糊。课下的作业他更是完成不了,能明显感觉到作业是应付了事,甚至是抄袭他人的。班主任逐渐认识到问题的严重性,开始找李智交谈,询问他最近上课不积极的原因,他是否遇到什么问题。他说最近对学习太松懈了,态度不好,下次一定改正,并承诺课上好好表现。班主任鼓励他上进,同时对他提出上课和作业的要求。

原本以为李智可以像原来一样努力,但是令我们惊讶的是,他不但没有改变,反而变本加厉。不仅学习不专心,完不成作业,甚至上课时间一直睡觉。早操最晚一个到达,早读时默不作声,低头不语。同时,和他同宿舍的几个男生也经常在课上睡觉,学习状态很差。所以在第二次月考中,李智的成绩下滑到年级中的倒数,而同宿舍的几个同学成绩也有较大幅度的退步。他的成绩反映出他这段时间根本就没有任何的改变。于是班主任着手调查李智退步的真正原因。询问同宿舍成员之后发现,李智每天晚上基本到凌晨才会休息,待查寝老师走后,要么撺掇舍友一起聊天,要么偷偷在被窝里看杂志、看小说,长此以往,上课所学的知识他基本上都抛之脑后,第二天,他的精神状态很差,一直打瞌睡。老师上课讲的内容他什么也听不进去。同宿舍的其他人因为晚上睡眠不好,白天学习效率也逐渐降低,以致成绩退步。

找到真正的原因,班主任及时对李智及同宿舍其他学生进行思想教育,宽严并济,与家长和任课老师达成共识,不管是在学校或是家里,保证李智充足的睡眠,避免一切影响睡眠的因素,时刻监督李智的学习状态,并进行舍友之间的相互监督,有一个晚睡,全宿舍一起受罚。这样,不仅能增强班级内的凝聚力,还能使这个宿舍整体共同进步。

从此之后,李智晚上在规定的时间内睡觉,上课精力充沛,不再萎靡不振。慢慢地,他主动找老师补习之前落下的课程,对学习的态度明显发生转变,各科教师也都在不断鼓励他。之前课上那个生龙活虎的李智又回来了,同宿舍的其他同学的成绩也比之前有一定的进步。在学期末的考试中,李智拿到了年级进步最大的奖状,他的成绩也稳定到了年级前十名。

所以充足的睡眠、良好的作息习惯是学习的前提。学生要保证自己的生物钟,不可过分熬夜,要合理安排睡眠时间,保证自己的身体有充分的休息,做到劳逸结合。

案例三

刘秋,机灵有自己的主意,他是班内名副其实的佼佼者,在第一次月考中获得了年级第二名的成绩,同学们都羡慕他的聪慧。上课他不仅表现积极,还展露出极大的"见多识广"。语文老师提问的问题,他的回答总是那么有自己的见解;历史老师的问题,他基本上都能对答如流,还有自己分析问题的角度。他平常乐于帮助同学,有问必答。不久,老师和同学们都知道了,年级里有一个"厉害的角色",他的名字叫刘秋。为了认识刘秋,别的班里的同学也经常来。

可是不久，同学们发现，刘秋好几天不见人影了。一问才知道，刘秋头疼请假了。

刘秋的爸爸是一名编辑，妈妈是一名大学历史老师，良好的家庭环境让他从小就喜欢阅读。刘秋的父母较早就注意对他的培养，所以他很有自己的想法，从小就独立有见解。七八岁时，刘秋就开始对阅读着迷。他愿意阅读各种方面的书，小学时还偏爱一些儿童读物，上初中后他的阅读范围就更大了，什么历史地理、文学传记、数学经济，他都感兴趣。因为对阅读着迷，刘秋在初中的假期里，就常常看书到夜里一两点钟。父母催促后，他答应睡觉，等父母睡后，他悄悄开灯继续看书。

初三那一年，刘秋开始有点失眠。他晚上习惯了晚睡，可是白天老师上课讲的内容，他也不想落下，所以他认真听讲，时间一长，刘秋开始头疼。这种状况就一直持续下来。

进入高中二年级，学业压力变大，学习的内容也越来越难，越来越需要投入更多的精力。刘秋依然需要请假，请假的频率也高了起来，他成绩受到了影响。刘秋是聪慧的，虽说常常请假，成绩一直保持在年级前五十名，令老师和同学们赞叹不已。

高中的三年，老师们打趣地说，刘秋请假的时间加起来，要有三分之一的高中时光，这话显然有些夸张，但足以说明，刘秋睡眠的不规律给自己带来的严重后果。实际上，刘秋的智力水平很高，他从小养成的阅读能力，给他的高中学习带来极大的帮助。刘秋的阅读速度很快，对有些问题有很强的判断力。他的逻辑思维能力很强，逻辑性的推断和记忆力极强。他的阅读，对一些学科的学习打下了良好的基础，和别的同学比较起来，他更容易理解和接受。实际上，如果哪一次刘秋在学校上课的时间保持得长一些，他的成绩就明显提升上来。

高考的时候，刘秋的成绩还是让很多人羡慕，他考入一所很好的大学。可是，刘秋的高中学习生活是不能复制的。他的失眠、头疼，一定影响了他的生活和学业，年轻的刘秋机灵、一双眼睛里透着聪慧，但他的身体一直很瘦弱，应该和缺乏睡眠有很大的关系。

睡眠对人来说很重要，这一点人皆共知，对中学生来说更是至关重要，这直接影响到他们的健康。如果他们睡不好,精神就不太好,那么学习效率就不高了,久而久之会形成恶性循环。所以一定要按时睡觉,有规律地睡觉,保证睡觉时间和质量,这样才能保证身体健康及学习效率,形成良性循环。而学校和教育行政主管部门更要关注中学生,尤其是高中学生的睡眠问题,关注他们就是关注我们国家的未来。

四、缺乏锻炼对学生的影响

世界著名的科学家居里夫人曾说过,科学基础是健康,没有健康就没有事业,没有健康就没有欢乐,更谈不上有什么幸福,所以说没有健康就没有一切。这句话正体现了生命在于运动的道理。受神经系统支配参加体育运动可以挖掘大脑左、右半球的潜力,促进神经系统的发育,能够改善神经系统的平衡性和灵活性,表现出思维敏捷、动作协调,进行一些耐力项目如中长跑,能够提高神经系统的耐久力,从而使人精力充沛、头脑清醒,提高学习效率。

经常参加体育锻炼,能够促使血液循环加快,血管畅通无阻,加大青少年的新陈代谢;能使心脏脉搏输出量增加,心率下降,有利于血管每次得到充分的扩张和足够的休息,减轻了心脏的负担,延长了心脏的寿命;促使心肌血液供应充足,心壁增厚,心脏增大,收缩有力;增加了细胞中具有免疫机能的淋巴细胞,大大提高了青少年的抗病能力。运动系统包括骨、关节、肌肉三部分,体育锻炼可以对运动系统产生良好影响。体育锻炼有利于改善骨的血液循环,加强骨的新陈代谢,使骨径增粗、肌质增厚,有利于青少年骨骼的健康发展;可以提高关节的稳定性,增加关节的灵活性和运动幅度;有利于增加肌肉体积,增加肌肉力量、肌肉弹性等,从而改善和提高人体的形态状况,增强人体的生理功能,提高身体素质。

但是近年来,我国中学生运动素质调查统计显示,中学生的运动素质呈下降趋势,这就影响了中学生身心健康的发展,降低了学习效率。照此发展下去,将严重影响中学生的健康成长,乃至影响国家和民族的未来。

运动是促进和保持中学生身心健康的重要手段之一。只有学生自觉、积极地参与到体育运动中,体育与健康课程目标的达成才能得以实现。但是目前学生参与体育运动的水平偏低,我们在实施《体育与健康课程标准》的过程中应当关注这些问题。良好的体育兴趣和锻炼习惯,更需要体育教师在日常的教育教学工作中去培养和关注。

青少年从事自己感兴趣的体育项目,不仅有助于身体的发展,而且能够调整人的心理,减缓心理压力,使人心情舒畅,从而加强人的自信心和自豪感,促使青少年朝气蓬勃、积极向上。经常参加体育锻炼可改变孤僻的性格特点,培养勇敢、顽强、自信、果断的性格。体育锻炼不仅能使人们情绪稳定、动作灵活、反应敏捷、意志坚强,还能改善人的个性心理特征。

五、消极的生活情绪对学生的影响

情绪是人对客观事物是否满足自己需要而产生的一种态度或内心体验。凡能符合或满足人的需要的事物,就会引起人的积极态度,产生肯定性质的情绪,如满意、愉快、喜爱、振奋等;反之,就会引起人的消极态度,产生否定性质的情绪,如悲哀、恐惧、愤怒、厌恶、焦虑、忧郁等。生活情绪在人们的日常生活中有着非常重要的作用。情绪渗透在我们整个生活中,影响着我们行为的效果,尤其是消极情绪对人的影响更大。

1. 消极情绪的不良影响

(1)影响身心健康

强烈的或持续的消极情绪对身心健康有重大影响。古人早就指出,"怒伤肝""思伤脾""恐伤肾"。除生理因素外,生活压力下长期的情绪紧张,特别是愤怒、焦虑和挫折等情绪因素,在一些疾病的发生上起重要作用。中学生正处在身体、心理发育的高峰期,情绪对其影响更为明显。

(2)影响心理功能

长期的消极情绪如果不能及时进行自我调节,会影响个体正常的心理功能,如注意力、记忆、思考、抉择的能力,同时导致社会功能的下降,如削弱社交能力;如果进一步发展,严重的抑郁情绪得不到有效干预,容易形成自杀的悲剧。中学生正处于学习知识的关键期,消极情绪对其影响更大。

(3)影响人际关系

长期消极情绪不但影响本人的生活质量，还会感染周围人的好心情，导致人际关系紧张或恶化，与同学之间矛盾重重，从而被孤立。大量事实表明，良好的情绪是维护人机体功能正常运行的前提，是防病治病的重要因素。

案例四

　　孟凡是一名高一学生，个子高大、结实，正处于爱说爱笑的年龄，脸上却从没有笑容，一双忧郁的眼睛常常茫然地望着地面，他从不主动和别人搭话。鉴于他在初中有过任班干部的经验，班主任委派他担任班级劳动委员。可是在大扫除时，他却总是一个人默默地在扫在擦，身边喧闹的同学似乎与他完全无关。初中成绩优秀的他课堂上却总是沉闷无语，不是低垂双眼，就是双手揪着头发沉重地伏在桌上，甚至后来作业也交不上来，成绩也逐渐下滑。他所在班的男生都酷爱篮球运动，可身体条件极好的他却从不参与。遇到集体外出的活动，他也总是交家长签字的请假条而拒绝参加。

　　经过与家长的沟通得知，他的父母由于工作关系无法照料孩子，所以从小孟凡跟随奶奶长大，祖孙俩感情深厚。他性格善良温和，活泼开朗，可是在初一时奶奶突然离世，孟凡失去了唯一的精神依靠。从此，活泼的孩子变得寡言少语，精神萎靡不振，不知情由的老师过于严厉的批评，同学们投来的不理解的目光，使他失去了向别人倾诉的勇气，失去了对外人的信任。唯一可以依靠的父母，又因亲子关系的生疏以及长年在外工作而忽略了孩子心理上的变化。由于没有得到及时而恰当的心理调适，孟凡的心理出现较多的消极情绪。升入高中后，周围熟悉的环境发生了一定的变化。同班的同学多是家庭条件较好，喜欢表现自己，心里想得更多的是自己，不懂得考虑他人的感受，更没有学会如何去关爱他。在这样一群同龄人中，孟凡的孤独感更强烈了，心里益发觉得这世界的不公，他完全拒绝与任何人沟通。

　　于是班主任老师常常与孟凡个人面谈，使他自己找回积极的生活态度；谈论对未来的设想，并与他一同制订计划以改善目前的情况，令他对生活充满了期待。为他提供融入集体的入口：安排一个家庭条件好但性格温和、从不爱炫耀、积极上进、乐于助人又细致的女孩与他坐同桌。安排座位之前，班主任老师和这个女孩做了一次长谈，把孟凡的遭遇都告诉了她，要她带动其他同学更多、更主动地接近他，让他发现周围的同学并不像他原来所看到的那样自私和骄傲,从而排除他的孤独感,消除他在集体中的失落感。这也是对"异性效应"的一次善加利用。这个过程中,班主任老师随时注意帮助他们把握好男女同学交往的度,以免弄巧成拙。

创造机会,把握契机,帮助他重塑自信,让他再任劳动委员。初上任时,手把手教他如何有条理地安排班级劳动,如何在工作中赢得威信,如何恰当处理工作中遇到的问题,并适时对他的表现给予肯定。和任课老师沟通,请老师给予孟凡特别但不过分的关注,课堂上尽量多创造机会让他参与。在他认为自己的数学基础还不很扎实的时候,为他争取参加数学奥赛的资格,让他学会要锐意争取。同时帮助他策划两台主题班会,让他亲自组织,学会主动去争取同学的配合,从而明白学会如何与人合作的重要性,使他与同学的友谊得到进一步发展。充分发挥家长的作用,通过家访、电话联系、家长到校面谈等多种方式,以了解孟凡家庭情况及他在家的表现,并与家长沟通思想,让他们明白常与孩子沟通的重要性,共同商讨解决办法。

由于老师、家长、同学的密切配合,孟凡的情绪有了明显改变,和父母、同学的关系都大有改观,能积极地参加集体活动,与几个同学组织了数学小组,学习成绩有了较大的进步,还参加了班级的篮球队,甚至成为主力人员。

为了更好地生活、学习,在教师的引导和鼓励下,中学生的消极情绪必须得到调节。情绪调节的关键是重获一种自我控制,在自控的感觉下心灵才会飞翔,才会有自由选择的能力,在烦恼的时候依然知道内心还有快乐与轻松,从而拥有健康的身心。

2. 消极情绪的调节方式

(1)分析消极情绪

当学生存在消极情绪时,教师要探究消极情绪产生的原因,是内部原因还是外部原因,要让学生进行倾诉;是生气、愤怒、抑郁还是悲伤或者嫉妒等,记录下来后再把产生消极情绪的人、事或物全部罗列出来,可以根据分析来采取适当有效的调节消极情绪的方法。

当出现了消极情绪时,可以通过放松、想象、改变认识等方式来调控情绪,使消极情绪逐渐变为积极情绪。如果一时调整不到积极情绪,那也没有关系。比如今天还是非常焦虑,鼓励学生别太过于担心,焦虑提醒我有一些事情需要处理,那就让它暂时存在着。担心我很焦虑该怎么办时,切记越有这种想法,就会越焦虑;相反,如果承认焦虑是身体的一部分,允许它的存在,它可能就会成为自身的朋友,当用这样的方式去看待消极情绪时,消极情绪产生的影响反而会减少许多。

(2)合理发泄

可以让学生采取一些具体的方法:在适当的场合大哭一场;到操场上去跑步、去打球;倾诉;或者在允许且不伤害妨碍别人的情况下毁坏一些物体,如打沙袋、撕报纸等。

(3)转移注意力

当学生有了消极情绪时,可以引导学生将注意力从引起产生消极情绪的人和事物上转移开。当郁闷烦恼心情不好时,可以转移自己的注意力到自己特别感兴趣的活动中去,还可以改变环境,远离产生焦虑情绪的环境,到大自然去欣赏一下美丽的风景。

(4)自我暗示

教师可鼓励学生进行自我暗示。自我暗示,也叫自我肯定,它是对自己要做某件事预先有的积极的思想,其魔力是无法想象的。自我暗示可以大声说出来、写出来,也可以在心里默默地进行,如果长期坚持积极的自我暗示,定会收到意想不到的结果。自我暗示要运用现在进行时而不是将来时态进行,自我暗示的语句越短效果越好,自我暗示要因人而异。

(5)归因控制

只有当人们相信行为在个人控制之下时,才会对自己或他人的行为做出符合个性倾向的归因,个人做出归因分析是为了对环境有一种遇见感和控制感。所以,人总是力图降低一个事件可能带来的危险,这取决于他的控制能力和归因倾向。当归因为不可控制的原因时,往往会导致消极情绪;当归因为可控制的原因时,无疑会导致愉悦的情绪。所以,应该学会从归因角度来控制自己的情绪,把失败挫折等归因于外部或内部的可以控制可以改变的因素,这样比较容易控制和调节情绪。

(6)拥有平常心

平常心是一种良好的心态,它会为你减轻痛苦降低焦虑;平常心让你有追求但不强求,凡事尽最大努力去做了尝试了就好,有时奋斗的过程更重要;要做到平常心,就要做到不以物喜、不以己悲,不要患得患失,要做到顺应自然,保持心态平和,就像有句话说的那样"心底无私天地宽"。

　　合理的饮食结构、规律的作息习惯,适当且适时的锻炼、积极向上的生活情绪,都对学生有非常重要的影响。一只木桶盛水的多少,主要取决于最短的木板,而不取决于最长的木板。人的失败往往由自己的某种缺陷所致。那么,好的生活习惯就是人们走向成功的前提,而坏的生活习惯则是通向失败的敞开的门。健康人生的基础是良好生活习惯的培养,不管是美好的品德,还是较强的学习能力,一切都基于良好生活习惯的培养。

第十二章

非主流意识的家庭及
交际环境影响

一、家庭及周边成长环境的重要性

家庭教育,是指一个人在家庭这个特殊社会结构中所受的教育,一般指一个人从出生到自己组成家庭之前所受到的来自家庭各方面的影响,包括有意识的知识传授、道德教育和无意识的家庭生活氛围的陶冶。家庭教育是在家庭生活中,由家长(其中首先是父母)对其子女实施的教育。家庭教育方式是否恰当、有效,对孩子是否养成良好的行为习惯、良好的思想品德、健全的人格和健康的心理素质都将产生十分重要的影响。家长与孩子的相互沟通,能使彼此相互理解、相互信任,进而能化解多种矛盾,使二者的关系达到非常融洽的程度;否则,矛盾激化导致不可收拾。许多实际事例证明,家长应提高自身的素质,把握正确的教育方式,这已刻不容缓。

首先,家庭的结构对中学生心理状态有着重要的影响,正常的家庭结构有利于学生保持一种顺畅、和谐的状态。一般地,家庭结构有:正常的几代同堂的大家庭,正常的小家庭,单亲式、再婚式,不同的结构会使学生产生不同的情绪。经调查证明,正常的家庭对学生的兴奋、稳定、烦恼、恐惧、紧张、嫉妒等影响趋向平均值,而单亲家庭、再婚家庭对此有极为显著的影响,学生情绪波动幅度大,而情绪的好坏直接作用于学习成绩的好坏。

其次,家庭的气氛对学生的影响也非常重要。由于市场经济的扩大,竞争激烈,风险系数增大,一些父母在外面承受了巨大的压力,经受无数的困扰与挫折,家庭往往成为他们宣泄的场所,家庭成员之间充满敌意,父母经常吵架,容易给其子女带来焦虑、不安、恐惧、敌对的情绪,导致他们对父母不满,不服父母的教育,不愿回家。曾经有一个成绩优秀的女学生在一天晚上逛街到深夜两点都不回家,问她,却说:"我不想回去,看到那个乌烟瘴气的家我就烦!和别人在外,有说有笑,轻松得很,我不想回去!"听到这些,心里不禁一震!是啊,他们在家里得不到温暖、得不到爱,得不到安全,又怎能给别人温暖的爱呢?爱需要给予,也包括接受。同时,有的父母有空喜欢在家里打牌、打麻将、赌博,或聚众划拳行令,天长日久,孩子受这种影响,必将会影响他们的心理素质。有一个学生的家长爱打牌,家长说孩子成绩差,要他认真些,这孩子说:

"你懂什么,你只知道打牌,懒得理你!"另外,有的父母长期在外打工经商,家中孩子无人看管,或交给别人看管。久而久之,家中缺少温馨气氛,孩子成为脱缰的野马,与父母没有感情,易养成不好的习惯。

由此可见,良好的家庭氛围有利于沟通情感,有利于学生身心健康,茁壮成长,激发他们浓厚广泛的兴趣,培养其坚强的意志和良好的性格,从而他们为远大理想而奋斗。反之,孩子整天在焦虑、粗暴、吼闹中生活,他们心理能平衡吗? 能正常学习吗? 只能是效仿家长,恶性循环,不能自拔。

二、家庭的管教方式对学生的影响

家庭的管教方式,更是重要的一面。现在的中学生希望老师具有民主、和谐、平等、宽容、关爱、机智、幽默等特征,而不是粗暴、专制、放任。同样,他们期望家长与期望老师是等值的。在一次调查测试中,有这样的情况:①你最崇拜的人是谁? 选"家长"一栏的仅占 14.8%。②自己出错了,希望父母耐心教育,指出出错根源的占 87% 以上。由此可见,现在的父母在管教子女方面还不太符合子女的心理要求,他们希望民主、平等的人际关系。一般来说,民主型的管理最为适宜,家长既要做到管教引导,又不放任自流,要尊重子女的个性,循循善诱,耐心说服。而专制型、粗暴型、放任型、溺爱型、保护性管理对学生都是不利的。专制型、粗暴型使中学生富有攻击性和畏缩自卑感。

由于受封建家长制、等级制观念的影响,有相当一部分家长认为,子女绝对要听话,不能有犯上之嫌,若子女出现错误,则采取威压手段,讽刺挖苦,大吼、罚跪、罚站或扇耳光等,直到子女害怕为止。这样即使子女口服了,其内心还是愤愤不平的,没有达到教育效果,反而增加了学生的对抗性,形成逆反心理。一方面,改革开放了,人们生活水平提高了,在物质方面尽量满足子女要求;另一方面,家长"望子成龙,望女成凤"心切,为适应竞争,对子女学习要求越来越严,请家教开小灶,或采用家庭题海战术等,给子女造成巨大压力。因此这部分家长是在物质享受百般造就、在学习及行为方面百般苛刻,物质和精神不平衡,容易形成溺爱型或保护型管理。苏联教育实践活动家马卡连柯说:"溺爱虽然是一种伟大的情感,却使孩子遭到毁灭。"爱要把握尺度,适可而止。

还有一种就是放任型家长，只养不教。有的父母忙于工作时子女从不过问，他们认为自己对子女的责任就是出钱，有个别家长连自己子女上几年级几班都不知道。奉行"树大自然直"的观点：孩子长大了自己会好的。还有的认为家中祖坟风水好，出孝子，并举有名有姓的人证明。在这种情况下，学生明辨是非的能力还很差，不能养成良好的习惯，容易误入歧途，走上犯罪道路。据调查，凡能考入大学的学生85％－90％都与家庭有关，都依赖于家庭环境、家庭教育。那么，不务正业、锒铛入狱的青少年，谁能说与家庭毫无关系呢？

家庭教育是社会教育的重要组成部分，特别是在当前科学文化技术尚不发达的乡镇农村，学生是绝对依赖于家庭的，家长是孩子的第一任老师。"近朱者赤，近墨者黑。"家长应该有高尚的修养、美好的心灵，时刻影响、感染自己的子女，净化自己的心灵与品行，在子女面前树起楷模，己正方能正子女也。我们呼吁家长们：子女是社会财富、祖国的未来，不是个人的私有财产，对子女进行良好的家庭教育，给他们营造良好的家庭环境，是社会赋予家长的责任，家长应让子女健康成长，在社会的大家庭摇篮里，欢畅、酣甜地吮吸着祖国母亲的乳汁。

三、片面的宗教意识影响了学生的人生观

宗教是人类历史文化的重要组成部分，是许多国家社会道德的重要支柱和历史文化的精神依凭。宗教是人类历史上古老而普遍的文化现象，在现代社会，宗教仍然继续保持着旺盛的生命力。即使科技快速发展，宗教仍旧是人类社会生活的一个重要文化元素，错综复杂的宗教问题长期存在。中国是一个多民族、多宗教的国家，现有佛教、道教、伊斯兰教、天主教和基督教等宗教。宗教与以儒家文化为根基的本土文化相结合，同各民族传统文化相伴而生。宗教意识是我们所能感觉到的一切主观意识诞生的精神依靠。

中国实施了教育与宗教相分离的政策，但是家庭中的宗教意识对学生的教育仍有一定的影响，这些意识对中学生产生的影响既有积极的一面，也有消极的一面。因此在中学生管理中，要妥善处理好教育与家庭中宗教的关系。当代社会中很多家庭信仰宗教。随着改革开放的深入、市场经济的实行、信息

化和国际化进程的加快,人们的价值观念和信仰变得更加多元。中学生随着年龄的增长,在精神生活方面有了比较高的自由度。近年来,学生中宗教信仰者的数量在不断增加,其信仰程度、对宗教的认识、信仰的方式、信仰群体的活动呈现出复杂的态势。学生宗教信仰形成的原因有社会环境的影响,也有个人的心理需求。他们了解宗教的途径主要有网络、影视节目、宗教书籍、家乡或家庭传统、朋友或传教人士介绍。但主要原因是一些学生从小就受家庭环境的熏陶,随父母一起出入寺庙、教堂,长期耳濡目染,信仰宗教。所以,家庭中的宗教意识会对学生产生巨大的影响。

一部分学生信教是出于好奇和求知,他们对宗教的哲学和思想文化感兴趣。宗教与世俗的精神相互交织在一起,宗教与一些学科相结合,产生了宗教文学、宗教音乐、宗教美术、宗教建筑等,具有很强的文化魅力。宗教的人文关怀、哲理思想以及对世界和人生的诠释,有心理调适的功能。佛教的少林功夫,道教的气功、太极,印度教的瑜伽等,被广泛地用来强身健体。许多宗教活动场所(如崂山、五台山等)早已成为闻名中外的旅游观光胜地。一些学生在接触和了解宗教之后,发现宗教能给他们心灵的慰藉和寄托,因而成为信徒。面对疾病、挫折等痛苦时,教义往往成为一些人应对苦难的精神支撑,他们因而信仰宗教。

一部分学生对宗教的了解片面、肤浅,认为只需固定参加宗教仪式和宗教活动,旅游去寺庙时烧香、拜佛,就可以求神佛保佑学业有成、全家平安。一些学生热衷于过圣诞节等西方节日,去基督教教堂参加各种各样的活动,这并不能说明他们对宗教有虔诚信仰,反而最终会在宗教中迷失自己,沉迷于信教,将自己宝贵的青春都浪费在各种各样的宗教活动中,产生"读书无用"的思想。所以,学生对家庭中宗教意识的片面理解,可能在潜移默化中影响学生的学习状态,使学生丧失积极向上的思想。

案例一

高一学生吴梦,女,初中时在学校担任班长、校级学生会骨干。平时性格沉稳,个性较强,为人直率,工作认真负责,受到同学和老师的一致喜爱。某日,吴梦冲进办公室叫了声"老师"后,匆忙塞给班主任几页装订好的信纸,随后一言不发跑着离开了。看着她离开后,班主任打开信纸,上面有两个大字

"辞呈"。班主任觉得很诧异,她既是班长又是学生会骨干,平时工作认真负责、态度端正,她为什么要辞职?细看了"辞呈"的内容才了解到,她选择辞职的理由如下:一是无法安排好学习、工作、娱乐和其他生活,生活越来越浮躁;二是觉得生活中有意义的事越来越少,不知道什么是生活的意义。得知这两点原因后,班主任并没有觉得其中有什么隐患和特别。因为作为大多数学生干部来说,很难调节和平衡自己在学习、工作、生活和娱乐之间的冲突和矛盾,同时,学生干部总有个迷茫和疲怠期,总怀疑自己所做的一切是否值得,是否有意义。班主任第一反应是觉得该生可能进入一个瓶颈期,需要自我调节和身边人的引导。

班主任渐渐发现问题并非那么简单。通过私下了解,吴梦最近同几个班委相处得不太愉快,因为班里的事还发生过矛盾,大家普遍反映吴梦近日情绪不稳定,言语偏执激烈。不仅如此,课上的学习状态也越来越差,上课不安心听课,成绩直线下滑。任课教师约她谈话,询问成绩时,她一副不在乎的样子,对自己的学习已经抱有破罐子破摔的想法。在此情况下,班主任决定约她见面谈一谈。沟通之后发现,原来吴梦家中信仰某宗教,她从小随母亲经常出入教会,可谓是在教会的熏陶中长大。该生定期到教堂参加教会活动,利用假期时间也经常跟父母去礼拜,逐渐感受到了精神慰藉和心理寄托。在沟通中问她为什么选择放弃学生干部工作,她说她觉得麻木,觉得没有意义。她告诉班主任她觉得自己不适应当下的生活方式和生活节奏,如果可以的话她想休学一年,她很向往修身养性的生活,觉得读书没有任何用处。并且她想在班内传播此类思想,被很多同学否定、批评,所以导致和同学的关系越来越疏远。她越来越不在乎学习,最终成绩下降甚至想要休学。

吴梦作为学生干部将自己的课余时间和精力投入学生会的工作和学校活动当中,无法在有限的时间里合理分配学习、工作和生活。女生感情细腻自尊心强,在工作和生活的交际中难免出现问题;加之该生好胜心强,更容易被家庭及周围环境所影响。再者,该生在交流中频繁提到家庭,想为父母减轻家庭负担,却又无能为力,又为将来大学毕业后的就业而苦恼,从而产生恐慌感和紧迫感。在这样的心态以及家庭宗教意识的影响下,该生逐渐产生了避世、因果报应等宗教思想,导致她凡事总要考虑因果追求所谓的意义,遇到问题和困难就会想到回避和放弃。

众所周知,宗教为唯心主义的,与马克思主义的历史唯物主义和唯物辩证法相冲突,许多学生对宗教的认识比较片面,希望走进宗教寻求精神慰藉;然而盲目的宗教信仰对学生的心理健康影响巨大,容易使学生在"三观"上和思想认识上产生错位。在分析中发现,生活学习或者交际中的困境仅仅是引发学生心理问题的诱因,根本问题在于家庭中的宗教意识给学生在思想认识上造成的极大影响。由于缺乏科学理性的思维能力和客观唯物的精神信念,学生心理和精神上过于依赖宗教,不想依赖自身的努力去达成目标,在生活和学习中逐渐缺乏积极向上的思想。

四、家长"读书无用论"的意识打击了学生的学习积极性

近年来,新一轮的"读书无用论"在社会上蔓延。一方面,由于高校扩招和我国产业结构调整,大学生就业一年比一年难;另一方面,社会经济多元化,人们就业创业的途径越来越多,如网红、网售、快递、网约车、销售、小吃饭店等较低门槛工作,一些急功近利的家庭就希望孩子早些走出校门,早些挣钱,新一轮的"读书无用论"甚嚣尘上。随着经济的发展和经济多元化的趋势,价值观念也出现多元化。因为家长追求价值的途径变得多元化,所以一定程度上对"高考独木桥"也产生了影响。

以短期经济回报为目的的家长,他们无视孩子的素质发展、忽视孩子一生的整体发展,有意无意间给孩子灌输一些"读书无用论"思想,严重打击了孩子们的学习热情和积极性。

家长"读书无用论"的意识影响学生心愿。根据调查,一所学校有近18%—25%的农村家长认为读书用处不大,费用又高,即使读了大学,也没有工作分配,到头来人财两空,划不来。因此,"九年义务教育"是迫不得已的。我们曾走访东桃村想辍学的一个学生。一到他家,他的家长就怒气冲冲地说:"你们又来了,我再也不上你们的当了,他哥哥大学毕业还是玩'泥坯子'!去!去!去!别在我面前卖嘴皮子了……我已铁了心了,送子读书不如送子赶集。"就这样,学生上学梦在家长这番论调中破灭了!连古人都知道"骡马成群

不为富,家有读书不算贫",何况我们新时代的人呢?

案例二

刘龙,一个活跃聪明的男孩子,在父亲的坚持下,升入高中时来到一所很好的民办学校。高一时,刘龙积极参加班干部、学生会成员的竞选,学习态度也很积极,团结同学,为人直率。刘龙学习热情高,工作认真负责,受到同学和老师们的喜爱。期中考试,刘龙的学习成绩也很好,他还会唱歌,口才好,在班里的集体活动中,他积极活跃。班主任特别喜欢他,无论在同学们面前还是单独与刘龙的谈话时,经常表扬、激励他。

春节后的刘龙长了一岁,更像一名高中生了,脱去了初中时的稚气。很快,班主任让刘龙担任了生活委员一职。刘龙很有条理,把班里的卫生和同学们的生活问题解决得很好,自己的学习也安排得很有条理,学习进步很快。老师们都很高兴,认真培养,认为刘龙可以成长为一名全面发展的好学生。

暑假结束回校,升入高二,班主任发现刘龙的精神状态和高一时不太一样。一个月后,刘龙是在学习着,但他的热情依然低落。班主任找来刘龙,询问情况,刘龙说没有什么,就是过完假期一直调节不好状态。老师很关心,激励他尽快调整好状态,又和他聊了一会儿学习和班里的事情。可是又一个月过去了,老师发现刘龙的心态依然不太好。期中考试,刘龙的成绩还是很不错,这让班主任的心稍稍有些安定。

又一个春节后,开始了高二下学期的学习生活。刘龙不仅精神和心理状态依然不好,学习状态也差了,他好像有心事,常常坐着深思发呆。

班主任老师找来了刘龙的妈妈,想从家长处深入了解一下刘龙的变化原因。和刘龙的妈妈聊一会儿,老师心里就产生一丝担忧。班主任和他的妈妈聊刘龙的状态变化,他妈妈好像不明白老师的问题,自顾自地说,刘龙这孩子这不好那也不好,不知道母亲的辛苦,不知道主动帮家长做事,也不知道照顾生意,一有空就知道躲起来自己学习。最后,甩出一句"上学有什么用呢!上完学还是找工作挣钱呀"。班主任终于弄明白了,刘龙的父母在做着日化品批发的生意,每到假期,刘龙就会帮着父母照顾生意。近一年来,刘龙的父亲病了,身体一直不好,他的妈妈就更忙碌了些。刘龙的妈妈对他上高中的事本就不上心,说那些在卖场帮工的孩子,没有上什么高中大学的,一样做得好好的,帮家挣钱。现在刘龙的父亲病了，而刘龙升入高二后学业压力大、学习也紧张了，他的母亲感觉刘龙的帮衬不够，就常常露出想让刘龙退学的意思。班主任很是担心，和刘龙的妈妈聊了好长时间，聊了刘龙的智力、刘龙对学习的热爱、刘龙的素质及刘龙的未来发展，希望她支持儿子的学业，给他一个更好的未来发展平台。

升入高三后，学习就更紧张了，刘龙的精神状态看起来没有什么大的起伏，就是总爱请假。很快，他的学习成绩下滑为中等。高三的学习节奏是很快的，更需要付出大量的学习时间和学习精力，刘龙学习的分心和高频率的请假，让他有些跟不上节奏。班主任多次和他聊天，鼓励他、对他提出要求；但不久，刘龙的成绩滑落得厉害，学习变得很吃力。刘龙好像终于意识到了问题的严重性，但是他并没有改变自己的成绩状态。一个多月过去了，他越来越跟不上同学了，成了真正意义上的学困生。

高三的第二个学期，刘龙没有来学校，他退学了。据说他的妈妈责怪刘龙上学的费用太高，又不能帮助自己打理生意。刘龙的爸爸支持他的学业，可坚持一段时间，也妥协了。

学生接受教育尤其是高等教育，不仅是个人的需求，也是现代社会的需要。提高国民的整体文化素养、素质是现代社会需求的大趋势，无论从整个世界的发展还是从国家的发展，提高国民的整体文化素养、素质都是必需的。某种程度上说，大学生毕业后竞争上岗，感觉就业压力较大、工作难找、工资待遇不高，其实就是一种社会对人才、对个人文化素养、人的整体素质要求提升的显示。一个年轻人不读书、一个高中生不去读大学，不仅仅会使他文化素质偏低，他的见识、眼界、思想意识、对事物的看法和判断都会被阻断在一定的水平，阻碍其以后的人生发展。

一些家长自然也会将子女的教育成本在"成本—收益"的框架下加以盘算。于1979年提出"穷人经济学"概念的诺贝尔经济学奖获得者西奥多舒尔茨曾指出，"农民的分散耕作比经济学家想象的有效率，农民也会在成本与收益之间进行仔细的比较"。相信这种衡量，在所有不太富裕的家庭里同样存在。很多收入较低的家庭，往往受到"幸存者偏差"的影响，比如在各个地区，有很多企业家都是白手起家，没有什么文化，现在有很多人都是年入百万甚至千万的富豪，这种影响是很大的，很多家长都会举例说：谁谁谁当初没好好上学如今照样挣大钱，而好多用功读书的人，毕业后反而不如那些没好好学习的人混得好，因此得出"上学没有用处""读书无用"的结论。其实，这都是个例而已。因为中国的人口基数太大了，拥有本科甚至专科学历的人的比例是很少的，根据第六次全国人口普查的官方数据，可以算出来大专以上文化程度的人口仅占总人口的 8.7％左右，所以低学历的人的数量，远远多于高学历的数量。对于高学历的人，有的成功了，有的不太成功，普通家长会关注那些成功的人，也会关注那些没有成功的人，尤其是高学历落魄的人更容易被关注，所以这样的人被当成新闻来报道，阅读量非常大。而对于低学历的人，人们往往只关注那些成功的人，而忽略了广大低学历没有成功的人，最后产生了"读书无用"的错误结论。

　　教育是长期投资，其投资回报周期较长，不仅有金钱方面的直接收益，还有诸如工作技能、公民素养、生活品位提升等诸多间接收益。而当下，不少持"读书无用论"观念的家长，进行的只是短期的数字计算，甚至将自己看似较高的工资收入拿来与老师对比，认为像教师这种知识分子的代表都没钱没地位，让孩子读书又有什么用呢？一旦孩子接受了父母灌输的那种底层社会生活中的"潜规则"与"生存法则"，认为读书无用，那看不起老师、排斥学校教育也就见怪不怪了。

案例三

　　在大概剩下半年就高考的某一天，高三文科重点班的班主任到心理咨询室找到心理咨询老师："我们班有个小女生，忽然说要退学，说什么都不听，我让她找你聊聊天。"心理老师向该班主任了解了学生的基本情况：该生学习成绩一般，在班级的中下游，平时表现不算积极，但遵守纪律，与同学和老师也都相处得比较融洽。她突然之间向班主任提出退学的事情，让老师始料未及，像这样的学生虽说成绩不是很好，但是辍学对一个学生的发展影响过于深远，考虑到学生的未来，也不能这样轻易地就让学生退学。学生来到心理咨询室后，倒是很坦然，她的态度也比较平静，没有抵触情绪。心理老师询问了她的基本情况，她很坦诚地说："老师，我不想上学是因为我爸妈认为我没有上学的必要，我们村里有很多大学毕业的大学生都没有找到好工作，甚至有些还在家里闲着。爸妈觉得我上学就是在浪费家里的钱，最后什么也没有得到，上了大学也没有用，倒不如早早地去社会上工作，像我爸妈一样，给家里多赚点钱。"听到这些话，心理老师立刻想起在学生中蔓延的"读书无用论"思想，特别是在当前大学生就业难的形势下，这种思想已经蔓延到中学校园，让思想尚未成熟的高中生深受其害。

心理老师为了尽量挽留这个学生，于是找到班主任询问其家庭情况。该生家住在偏远的农村，家庭条件较差，家中除她之外还有两个弟弟和一位一直需要人照顾的爷爷。为了照顾爷爷，家里只能有一个人干活，所以父亲的工资供着一家六口人的花销以及支付爷爷的医药费。在如此重大压力的家庭环境下，她的父母总是念叨上学无用，让她早点去打工补贴家用。看着父母如此辛苦，而且周围的大学生依旧找不到工作闲置在家，她慢慢觉得父母的话是对的。对于她来说，尽早赚钱才是最正确的选择。所以，她上课时总是想着打工的事情，对于学习越来越不上心，成绩也不是很好，甚至慢慢开始厌学，最终选择辍学去打工。

高中生正处于人生观、价值观确立的关键时期，很容易受到外界的影响。一些媒体介绍的典型案例可能就会对他们产生影响，如前些年北大高才生毕业卖猪肉的新闻，只会写自己名字的陶华碧身价上亿的新闻等，都会影响高中生的价值选择，尤其是家长一些言行与意识，学生在成长过程中耳濡目染，对学生产生巨大的影响，让孩子觉得读书真的无用，从而产生厌学情绪，逐渐走上错误的道路。

作为中学教育工作者，虽不能从政策、社会大环境的方面去影响和改变学生中出现的这种思想，但是在日常的工作中通过多种教育途径来影响和改变学生，在一定程度上也可以让"读书无用论"远离中学生。要做好个别学生的思想和心理辅导工作，对于个别受"读书无用论"侵蚀的学生，要特殊对待，及时做好其思想和心理辅导工作，让学生从一开始就形成正确的读书态度和观念，避免出现偏激心理。针对这类学生要做好正确的人生观、价值观教育，要与学生家长做好沟通，对学生的家庭情况要了如指掌，对于贫困家庭的学生要帮助其申请助学金、奖学金，减轻其家庭经济负担，避免学生因为家庭经济情况辍学而在学生中产生负面效应。班主任、任课教师、心理教师可联合组成学生读书和学习辅导小组，针对个别问题学生在读书、学习过程中的不良行为进行及时辅导，让学生热爱学习、热爱读书。

2019年胡润"80后"白手起家前五名的富豪，分别是拼多多黄峥、字节跳动张一鸣、大疆汪滔、好未来张邦鑫、滴滴出行程维。在这五个人当中，有的是某电商平台的创始人，有的是科技公司的创办者，有的也是来自影像以及无人机领域的创办者，还有的是出行平台的创始人，还有一个是当下非常流行的短视频平台创始人。这些人能够荣登胡润"80后"白手起家富豪榜，想必每个人都有各自的才华。在这些富豪当中，无一例外全部都是我国知名重点大学的毕业生。张一鸣毕业于南开大学；汪滔毕业于香港科技大学，后来在国外某大学进修计算机硕士学位；程维毕业于北京化工大学；黄峥毕业于浙江大学；张邦鑫毕业于四川大学，后来在北京大学继续硕博连读。正是因为他们经过了国家正规的教育，学到了非常多的才能，才为以后的创业奠定了基础，让他们一步一步走向成功。虽然我们身边可能也有一些所谓的"暴发户"，但是他们的成功往往是来自机缘巧合或者是运气。只有真正经过了大学教育的这部分学生，未来才有成功的资本，而这些成功的资本来源于不断的学习。

对于所有的孩子来说，学习是一个非常公平的上升途径，没有人会说它是唯一出路，但是它却是最好的平台。不是谁读书都能改变命运的，但是读书上大学会给这些孩子更多的机会。在未来，企业面临升级，不懂英语、不懂数理化知识，可能连普通劳动者都当不上，很可能会被机器人所取代。现在像华为这样的大企业，使用劳动力就非常少了。在科技迅速发展的今天，智能化、自动化肯定是发展的大趋势，势必会导致低学历人群的大量失业。同时，读书更是对个人的品行、精神的提升，使其能在生活和工作中找到幸福感。读书能够改变人生的长度，拓展人生的宽度，增加人生的厚度。

为了防止"读书无用论"的泛滥，国家提供九年义务教育，执行强制措施只是外因，是"标"，孩子家长提高对读书重要性的认识才是内因，是"本"。不能仅把功下在外因"标"上，要"标、本"兼治才有用。预防"读书无用论"导致的辍学，不仅是学校的事、教育的事、家长的事，更是全社会的事，是一个系统工程，要靠全社会的共同努力。要在全社会范围内，营造良好的教育氛围，让所有学生、家长都认识到知识的重要性，定期举办一些心理沟通工作。只有这样，才能树立正确的学习导向，为每位学生提供良好的学习环境，抵制"读书无用论"

的影响。

五、家庭或交际环境非主流的思想影响孩子对待学习的态度

　　每个家庭都会形成自己的一个小的思想认知环境,每个家庭也都会形成一个社交场。生活在这个思想认知环境和社交环境中的孩子,其思想意识、对事物的认知必定受到影响,形成相应的思想认识,从而影响他的行为。

　　社交能力将决定一个人是否可以在人群中获得认同和他人协助,是一个人具备合作能力的重要前提。社交能力强的人,往往具有更成熟的社会适应性和情绪掌控能力,获得幸福感和成功结果的能力也更为突出。远观历史、纵观社会,任何时期任何领域或行业中出类拔萃的领袖精英都具有卓越的社交能力。

　　说社交能力重要,几乎不会有人反对,但社交环境对孩子的影响却很少有人会系统性地去思考、规划,然后去做出有效筛选或对孩子有意识地屏蔽。青少年学生思想认识的高低与家庭教育有直接的关系,尤其是家长的不良交际行为对孩子日后的生活学习会产生非常深远的负面影响。强调父母首先要"用心观察、及时纠正"仿佛是老生常谈,但如果想要让孩子在社交场接受好的思想意识、而不受那些较低下的思想意识的影响,培养和教育出较高思想境界的孩子,这些就不得不做了。父母作为孩子的教育者,如果能有意识地提升自己的思想认知,在自己的社交生活中做到知行合一、以身作则,对培养孩子良好的思想意识非常有益处。家长们只有对自己的人际交往环境给予足够的重视,才能为孩子树立正确的榜样。家长作为孩子成长过程中学习的标杆,有时不经意的不良交际现象对孩子会产生潜移默化的影响。譬如有些家长喜好打牌、打麻将,偶尔三五牌友聚到家里一起娱乐。这一来破坏了孩子学习的环境;二来难免让孩子潜意识里也觉得打牌,乃至赌博是正确的、小赌怡情,这会对孩子未来的人生价值观产生极大的影响。所以,家长想教育好孩子,就必须严格地规范自己的社交圈子。俗话说"物以类聚,人以群分",贾平凹也曾经讲过一段关于交友圈子的话,大致内容是,一个人和什么样的人相处,就会被什么样的人影响,相应地就会拥有怎样的人生。倘若一个人经常和勤奋、充满正

能量的人在一起,那么这个人就不会太懒惰,也会每天积极向上;如果一个人身边全是优秀的人,那么他自己也不会不思进取。做家长的大多数都希望自己的孩子能和同班的好学生成为好朋友,每天共同上下学、探讨知识,若要心愿成真,那么首先应该从自身做起,给孩子上树立榜样。

案例四

杜深是一个聪明的孩子,个子虽然高大,但是心灵手巧。看到杜深的眼睛,你第一感觉就是"好有智慧的孩子"。杜深喜欢结交朋友,高中不到一个月,每个班都有他的朋友。不过很快,人们就发现,杜深的朋友都是那些非常活泼、喜欢打闹、不怎么爱学习的同学。这很快引起了班主任的注意。

升入高中刚两个月,可能是已经熟悉了学校的环境和纪律,又有了许多朋友,杜深开始有所动作。他能找一切可能的时间,午休时叫上同学去打球、自习课溜进教师用的锻炼房、课间约朋友欺负同学、刚放学就有人发现他爬上楼顶看风景、趁老师不在悄悄地调换作业等,他能发现一切学校和班级纪律的空隙去做那些别人意想不到的事。没有规则意识,这是老师和同学们给他贴上的标签。

每次犯错误后,老师都会对杜深进行思想教育,他开始总是说"我没错啊!"接着就不再说话,班主任也不知道杜深究竟听明白道理没有。期中考试,杜深和同学联手作弊被抓,学校给了他严厉的处分。班主任当然严肃地处理了此事,杜深面对老师的严厉教育,一句话没说,一副很有触动的样子。班主任找来另一同学,询问作弊的前后原因。那同学说,是杜深找他商议的,他原来没有答应,可杜深说,他们该学习的时候已经学了,考试时想办法得点高分没什么。他抬头看看老师,又说,他爸爸经常对他说,遇事要灵活一点,找窍门,说他爸爸和朋友们都很会想办法,做成了好多事。这个同学嘀咕一声,加一句"我觉得也有道理"。

班主任约杜深的家长见面。杜深的妈妈来了,班主任和她说起杜深的在校表现,他妈妈急急地说:"我们也真是没有办法,不知从什么时候开始,这孩子就这样了,对什么都无所谓,就知道搞小动作。小学时学习成绩特别好,一到初中,成绩就整天那么不上不下的,这到了高中,就更不学了,成绩倒数着,急死人了。"班主任说,原想着和杜深的爸爸也聊聊孩子。杜深的妈妈说他爸爸很忙,朋友又多,整天这事那事的,没有时间过来。

有一次,杜深举着一个东西,高兴地喊老师看。老师看了看,那是一张学生在学校就餐的午餐票。杜深兴奋地说:"老师看看,像吗?"班主任有些疑惑,杜深见状大笑:"老师,这是我画的饭票,没看出来吧!中午我就用这个饭票去买饭,那些师傅们忙着打饭,肯定看不出来。"杜深大笑,很开心的样子。老师看着手中的饭票,太像真的了。

又一天中午,学生公寓管理员的电话打到班主任的午休室,管理员问班主任:"杜深请假了吗?"班主任说:"没有啊!"管理员说:"他没有回公寓午休。"班主任立刻行动,找遍教室、校园,没人。思考片刻,她来到门卫,从门卫处找到一张杜深的出门假条。门卫证实,杜深已经离校。细看假条,假条上有两个学生的名字,第一个是自己的学生杜深,第二个学生叫张哲,班主任不认识。让班主任诧异的是,假条上班主任盖章处不是她的章,而是2班班主任的。为什么2班的班主任在自己不知情的情况下,允许杜深出校呢?班主任把电话打给了2班班主任,问是不是他给杜深开的假条,允许他中午出校门。2班班主任很诧异地说:"没有啊,我不认识杜深。"班主任说:"可是,杜深出门的假条上是您的印章啊!"

2班班主任立刻过来,接过假条一看,假条上确实是自己的印章。"不可能啊!"他再仔细端详假条,"快看!这印章是假的。"班主任仔细端详:"没问题啊,印章端端正正、清清楚楚啊。"2班班主任指着假条:"印章是贴上去的!"他在印章的边缘磨搓几下,慢慢掀起一个小纸边,此时的班主任睁大了眼睛。

杜深的班主任终于找到了他,心中的焦急和担忧放下了不少。班主任问杜深:"从哪弄来的假条?张哲是谁?"杜深"嗯"了好久,说张哲是隔壁3班的,是他叫自己做伴出去的。班主任找来张哲,张哲说是杜深要他做伴出去,还说杜深告诉自己已经开好假条。班主任找来杜深:"哪来的假条?为什么是2班老师的印章?"杜深说是5班学生周浩给的。班主任说:"不会吧,周浩的假条上怎么会有2班班主任的印章呢?"杜深说周浩原来在2班,是他原来的假条。

班主任找到了周浩现任5班班主任,递给他那张假假条。5班班主任经"点拨",发现了假条的奥妙,5班班主任被学生高超认真的粘贴功夫震撼了,假条上粘上去的2班班主任的印章边缘清晰无痕,平整毫无褶皱,和直接加印上去的毫无差别。这需要多大的小心和耐心啊!杜深的班主任说:"你班的周浩给我班的杜深做的假假条,杜深带着3班的张哲中午骗了门卫出了学校,这种做假实在问题严重,学生出了问题谁能负责,影响也太坏,绝不能姑息。更何况,假条上盖的是2班班主任的印章,实在不该。"

5班班主任找到自己的学生周浩,拿出那张假假条:"为什么把自己的假条给别人?你不知道假条应该由老师开出吗?假条哪里来的?"周浩接过假条看了看,说:"老师,这不是我的假条!"5班班主任觉得自己的学生不会做出这样的事,就对事件进行了详细的调查。

最后呈现的事实是:杜深一心想私自出校,闻听5班的周浩有张开好未用的假条,去要未得。他知道了这张假条夹在周浩的书里,就乘人不备到周浩的书柜中找到。寻机偷出班主任的一张空假条,剪下周浩那张假条上的印章,粘贴到自己的空假条上,叫上3班的张哲,骗过门卫,中午溜出了校门。事发后,杜深说是3班的张哲叫自己出去的、5班的周浩给的假假条。

至此,涉及三个班主任、三个不同班的学生制造假假条事件才告一段落。事情真相明了后,所有知情老师都被惊到了,他们怎么也没有想到,一名在校学习的中学生,为了一张假条,会这么用心良苦,这样周密的计划超出了老师们的想象。

面对这件事,杜深的班主任被深深触动,她用一段时间悄悄追随观察着杜深。她觉得,杜深不是一个思想认识已经变得痞性的学生,他只是没有规则意识、没有判断善恶的标准。如果引导得当,杜深应该可以用心学习、建立起正确的观念、建立起好的自身价值感。班主任相信,杜深以后一定能为社会做出成绩。

接下来的很长一段时间里,班主任开始了对杜深的有意识引导和影响。高二的下学期,人人都惊讶于杜深的变化,他安静了,人也沉稳了,学习也用心了。更加让人惊讶的是杜深的成绩。刚进入高三,杜深的英语就时时占据年级第一。开始的时候,人们都不相信,话里话外,担心杜深考试时仍有作弊。不久,杜深的成绩一门学科一门学科地上来了,提升的速度让人惊叹。

希望杜深高考收获佳绩,在以后的人生路上实现自己的价值,成为社会的正能量,为社会做出一些贡献。希望那些像杜深一样的学生们,能早些转变。

最近很多伤害学生的新闻,让我们痛惜不已。继上海砍伤儿童事件发生不久，某热门节目中一名学员被爆出初中时就是"混社会的""高中时也经常欺负同学"。我们在诧异的同时不禁反思，在遇到类似事件时，家长们到底应该怎么做，是因为什么导致这名学员做出校园暴力这样的事情。这起案件具体案情并未查明，但不难想到这段不光彩的过去会对她未来的生活工作产生不可磨灭的影响。然而孩子在学校活动时有矛盾、发生口角肯定无法避免，那如何才能让自己的孩子树立正确的价值观呢？这其中家长的示范作用和影响力必不可缺。作为家长，在孩子面前我们不仅要管好自己的言行，还一定要管理好自己的社交圈，以免一些不太好的社交行为给孩子带来潜移默化的影响。总的来说，孩子的教育是一个非常需要耐心和细心的过程，但是不管怎样，家长一定要记住自己的行为会在孩子身上被放大，要给孩子一个好的榜样。

　　家长在学生社交学习中起什么样的作用呢？美国教育家认为，孩子在学校已经形成了复杂的社会关系，可以视为一个缩小版的社会。而孩子在学校里表现出的性格、扮演的角色，绝大部分是家长的翻版，特别是还没有形成独立社交能力的学生，他们在学校社交中的一举一动，都反映了家长的教育，相当大一部分是对家长日常行为的模仿。

结　语

在高中教育教学中，随着知识的深度与广度的不断增加，高中生出现压力大、情绪波动的现象增多。如果学生因为外来压力过大或友情、亲情等缺失导致更大的思想压力，情绪更大幅度地波动，甚至影响到性格、心理的变化，不能或者没有把心思用到学业上，那么，他们面对高中学业的难度必然成绩下滑，这就会给这些学生带来比一般学生更大的学习压力，加之环境、心理压力的存在，使成为学困生变成很容易的事情。这也是近年来学困生的群体不断扩大，影响了高中教育教学质量的一个重要原因。

学困生的形成确实具有很多因素，在诸多学者的研究下，大多数认为学困生是因为学习能力因素形成的。为了帮助学生走出学习的困境，促进学生的全面发展，教师在尊重学生个性的基础上极力帮助学生走出学习的困境，提高其学习能力。然而，在现实社会环境和家庭教育方式下，要从学生、教师、家庭三方面因素对学困生的形成深入挖掘，尤其要关注各种原因造成的学生的思想、性格、心理对学习的影响。培养一个阳光的心理健康的孩子，使之具有自信心，具有较好的环境适应力，具有面对社会压力的勇气，是家长朋友们尤为关注的。家庭和学校互为促进，才能让高中学生的"自我之花"绚丽绽放，这一点显得异常迫切、十分必要，所以近几年"家校共建"的倡议一浪高过一浪。作为教育工作者，在尊重学生个性的基础上，从教学内容、情感交流、个体差异三个方面入手，分析学困生并明确学困生的成因，对学困生采取相应转化策略，是摆在其面前不应回避的重要课题，也是其非常重要的教育目标之一。

本书从几个方面探寻了学困生的成因，研究这些成因，可以尽量避免这些促使学生转化为学困生的因素，并帮助探寻解决学困生转化的方法。实际上，造成学困生的因素有很多，学生的个性不同，就是摆在家长和教师面前的一个很大的问题。了解学生的个性，面对不同性格的学生，采用不同的教育和引导方法，是家长和老师们必须面对的。

个性贯穿着人的一生，影响着人的一生。正是人的个性倾向性中所包含的需要、动机和理想、信念、世界观，指引着人生的方向、人生的目标和人生的道路；正是人的个性特征中所包含的气质、性格、兴趣和能力，影响和决定着人生的风貌、人生的事业和人生的命运。

个性其实是一个结构或者说是一个系统。探讨个性的结构，目的在于找出个性的各种特征和表现，揭示出个性的本质特点。个性的结构概念分为狭义和广义两种。

狭义结构的成分有：个性倾向性——指人对社会环境的态度和行为的积极特征，包括需要、动机、理想、信念和世界观等；个性心理特征——指人的多种心理特点的一种独特结合，其中包括完成某种活动的潜在可能性的特征，即兴趣和能力。

从广义方面来讲，除了上述两种比较稳定的带有一贯性的狭义的结构成分外，还应包括心理过程（如认知、情感、意志等过程）和心理状态。心理状态包括表现在情感方面的激情和心境、注意力方面的集中和分散、意志中的信心和缺乏信心等。广义的个性结构实际是指人的整个心理结构，把个性和人作为同一语。

人的心理活动是丰富而复杂的，它主要包括心理过程和个性两个方面。个性不仅指一个人的外在表现，而且指一个人的真实的自我。由于个性是一种较复杂的心理现象，又由于个性心理学作为一门学科的历史还较短，因此到目前还没有一个统一的、为所有研究者共同接受的明确定义。

"个性"内涵非常广阔丰富，是人们的心理倾向、心理过程、心理特征以及心理状态等综合的心理结构。个性倾向性是指决定一个人的态度、行为和积极性的选择性的动力系统。个性倾向性决定着人对现实的态度，决定着人对认识活动的对象的趋向和选择。

个性倾向性主要包括需要、动机、兴趣、理想、信念和世界观。它较少受生理、遗传等先天因素的影响，主要是在后天的培养和社会化过程中形成的。个性倾向性中的各个成分并非孤立存在的，而是互相联系、互相影响和互相制约的。其中，需要又是个性倾向性乃至整个个性积极性的源泉。只有在需要的推动下，个性才能形成和发展。动机、兴趣和信念等都是需要的表现形式。而世界观属于最高指导地位，它指引和制约着人的思想倾向和整个心理面貌，它是人的言行的总动力和总动机。由此可见，个性倾向性是以人的需要为基础、以世界观为指导的动力系统。

研究个性，就是研究人，就是研究人生。个性理论就是关于人的理论，就是关于人生的理论。人人都有个性，人人的个性都各不相同。正是这些具有千差万别个性的人，推动着历史的前进和时代的变迁。

学困生的形成有其个性的缘由，更有共性的原因。所以，教师要善于从个性中发掘其逐渐转变成学困生的共性原因,二者结合,早发现学困生转化的苗头,及时通过谈话,和任课教师及学生访谈,和家长沟通等,了解学困生产生的原因,尽早进行相应的转化行动。

　　总之,马克思主义哲学所有观点本身就是对整个世界各个具体环节的抽象与概括,是遵循由个别到一般、由个性到共性的逻辑思维而形成的对整个世界的总的看法和根本的观点,这一点是非常重要的。所以,教师在学困生有了一定的转变后,初步品尝到成功的喜悦时,要善于体会总结转变学困生过程中的一些经验,把经验应用于更多的学困生,实现最大的效益化。只有这样,才算真正意义上弄通、弄懂马克思主义哲学思想,并将这一哲学思想进行灵活运用。

附　录

附录一　梁彦卿主要教学研究成果

• 已发表论文

1.《怎样指导初三化学复习》,《中学化学》1996 年第 9 期。

2.《利用平均值法解化学计算题》,《中学生化学报》1996 年 11 月。

3.《初学有机化学应注意的几个问题》,《中学生化学报》1997 年 5 月。

4.《除去弱酸性气体中强酸性气体的方法》,《中学生化学报》1998 年 10 月。

5.《和高一同学谈化学学习》,《中学生数理化(高中版)》2000 年 11 月。

6.《实验过程是培养学生观察能力的重要途径——怎样观察化学试验中的现象》,《中学生化学报》2001 年 3 月。

7.《研读考纲备战高考》,《燕赵晚报》2008 年 3 月 17 日。

8.《注重基础,考查能力:评 2008 年高考理综(全国Ⅰ卷)化学试卷》,《考试与招生》2009 年第 2 期。

9.《变化较微小,教材要紧扣——名师权威解读 2009 年考试大纲》,《燕赵晚报》2009 年 2 月 23 日 B6 版。

10.《高考冲刺复习指导(下)——化学》,《石家庄日报》2009 年 5 月 22 日。

11.《名师详解 2011 年高考大纲(下)——注重实验扫除知识盲点》,《燕赵晚报》2011 年 3 月 21 日。

12.《初中—高中学段衔接化学教学方法研究与实践》,《教学研究》2011年第 5 期,中国人民大学复印报刊资料《中学化学教与学》2012 年第 9 期全文转载。

13.《我的爱和责任陪你成长》,《杏坛撷英:石家庄一中教育故事精选》,河北教育出版社,2015 年 9 月。

14.《高中化学教材中的"丁达尔效应"研究》,《新课程》2020 年第 33 期(总第 537 期)。

• **出版著作**

1. 参编:《无敌教练——高二化学》,陕西人民出版社,2003 年 6 月。

2. 参编:《无敌教练——跨越高考》,陕西人民出版社,2003 年 10 月。

3. 参编:《学海方舟——高中化学》,河北教育出版社,2006 年 6 月。

4. 参编:《高考名师金榜》,河北教育出版社,2016 年 10 月。

5. 专著:《高中学困生成因与对策》,浙江工商大学出版社,2020 年 10 月。

• **完成课题**

1. 参与完成石家庄市教育科学"十五"规划一般课题"学生化学能力的构成与评价研究",课题编号 21612,第二主研人,2006 年 5 月—2007 年 4 月。

2. 主持完成石家庄市教育科学研究"十二五"规划课题"高中学生化学学习共同体的理想模型与构建策略",课题编号 G20133206,2013 年 12 月—2014年 11 月。

附录二　梁彦卿荣誉与获奖情况

1. 1996 年度校级先进班主任。

2.《怎样指导初三化学复习》在 1997 年石家庄市中学教学论文评比中获二等奖。

3.《和高一同学谈化学学习》被评为石家庄市化学学会 2001 年度优秀科研成果。

4. 2001 年度校级录像课评选活动中,所授课被评为优秀课。

5. 2001 年度校级青年教师优秀课评选中,所授课被评为一等奖。

6. 2005 年校级先进工作者。

7. 2005—2006 学年度校级优秀班主任。

8. 2006—2007 学年度校级优秀班主任。

9. 2010 年《注重基础,考查能力:评 2008 年高考理综(全国 I 卷)化学试卷》荣获全国教育改革优秀教学论文二等奖。

10. 2010 年校级先进工作者。

11. 2010 年讲座《高考一轮复习经验介绍》受市教科奖励。

12. 2010 年受邀为"国培计划"化学骨干教师做培训示范课。

13. 2010 年全国教育改革优秀教师。

14. 2011 年"送教下乡"研讨课受到市教科所奖励。

15. 2014 年获河北省高中优质课展评微课大赛一等奖。

16. 2016 年在全国"走进名校 聚焦课堂"活动中讲示范课,获中国教育学会教育专业委员会奖励。

17. 2017—2018 学年度校级优秀班主任。

18. 2017 年在第 31 届中国化学奥林匹克(初赛)培训工作中获中国化学会表彰。

19. 2018 年校级先进工作者。

20. 2019 年获市级说课比赛一等奖。

21. 2019 年获市级嘉奖。

参考文献

[1]张沁,李晓茹.中学生特质愤怒与抑郁的关系——自制力差、消极自我认知、消极应对方式的链式多重中介作用[C].第二十二届全国心理学学术会议摘要集,2019.

[2]尹艳红.个性心理对学习的影响[J].企业科技与发展,2008(18).

[3]吴文意.自我认知对自我效能影响的自我情绪中介作用[D].兰州:西北师范大学,2018.

[4]阿尔弗雷德·阿德勒.阿德勒心理学讲义[M].广州:广东人民出版社,2016.

[5]姚建龙.校园暴力:一个概念的界定[J].中国青年政治学院学报,2008(4).

[6]赵崇峰.高校学困生的成因及其转化方法[J].黑龙江高教研究,2007(7).

[7]杨中兴.家庭教育理念要与时俱进[N].大理日报,2013-12-16(B03).

[8]郭慧.苏霍姆林斯基情感教育思想及其对幼儿教育的启示[D].南京:南京师范大学,2015.

[9]田桂娟.妈妈,请不要念动你的"咒语"[J].中小学心理健康教育,2015(14).

[10]周振华.思维的认知哲学研究——基于隐喻、情感与模拟的探讨[D].太原:山西大学,2016.

[11]朱玉.课堂教学中思维互动的案例研究[D].南京:南京师范大学,2017.

[12]马丹晨.信息传播视角下的"手机人"研究[D].南京:南京师范大学,2014.

[13]陈玉华.脱嵌与连通:高中教师专业生活实践研究[D].上海:华东师范大学,2017.

[14]乔延鹏.自由、理性与创新[D].长春:吉林大学,2005.

[15]王春华.教学设计的理性及其限度[D].济南:山东师范大学,2014.

[16]李红革.高校学生思想政治工作思维模式研究[D].武汉:华中师范大

学,2012.

[17]林志萍.城市儿童的饮食行为及其影响因素和对健康影响的研究[D].福
　　州:福建医科大学,2004.

[18]霍涌泉.意识心理世界的科学重建与发展前景[D].南京:南京师范大
　　学,2005.

[19]刘永.家庭教育对中国当代青年人生涯发展影响的个案探究[D].上海:华
　　东师范大学,2011.

[20]蒋桂芳.基于需要理论的青少年道德问题研究[D].郑州:郑州大学,2013.

[21]峻峰.西部地区人力资源开发与经济增长[D].北京:中央民族大学,2005.